Yonard

Oxford Picture Dictionary

ऑक्सफ़र्ड सचित्र शब्दकोश

English — Hindi
अंग्रेज़ी — हिंदी

E. C. PARNWELL

MADRAS
OXFORD UNIVERSITY PRESS
DELHI BOMBAY CALCUTTA

Contents विषय सूची

Oxford University Press, Walton Street, Oxford OX2 6 DP
NEW YORK TORONTO
DELHI BOMBAY CALCUTTA MADRAS KARACHI
PETALING JAYA SINGAPORE HONG KONG TOKYO
NAIROBI DAR ES SALAAM CAPE TOWN
MELBOURNE AUCKLAND
and associated companies in
BEIRUT BERLIN IBADAN MEXICO CITY NICOSIA

First published 1977
Seventh impression 1985

Illustrated by Jeyaraj Fernando

Printed in India by S. Muthiah
at Tamilnad Printers & Traders Pvt. Ltd., Madras- 600044
Published by R. Dayal.
Oxford University Press, Anna Salai, Madras- 600006.

Preface

Oxford Picture Dictionary is one of a number of Oxford dictionaries that have been especially compiled for learners of the English language. This English-Hindi Picture Dictionary contains over 2000 words. Within 90 colourful pages, it illustrates the everyday objects which children come across in the home and at work, in travel and recreation, in the social services and in mathematics and science. The dictionary also includes number, quantity, lines and shapes, time and numerals as well as useful sections on pronouns, adjectives, verbs and prepositions.

The compilers have had continually before them the special needs of Indian students, both young and old, including adult learners. For this reason, words have been contextualized. They have also been illustrated and translated, so that the child and the adult learner will be able to widen his English and Hindi vocabularies more easily and memorize them more quickly than he could by referring to the usual kind of dictionary.

Oxford Picture Dictionary is not just another illustrated dictionary. It offers a unique opportunity for children and adult learners to learn by recognition of familiar objects. The pictures reinforce the definitions and make recognition more immediade.

This is a truly bilingual dictionary. Those who want to learn either English or Hindi will find it an indispensable aid.

आमुख

ऑक्सफ़र्ड के कई शब्दकोश अंग्रेज़ी सीखने वालों के लिए विशेष रूप से संकलित किये गए हैं। **ऑक्सफ़र्ड सचित्र शब्दकोश** में 2000 से अधिक शब्द तथा उनके चित्र संगृहीत हैं। इस कोश के 90 रंगीन पृष्ठों में उन सब चीज़ों के चित्र हैं जिन्हें छात्र रोज़ घर में, काम करते, यात्रा में, मनोरंजन में, सामाजिक सेवा और विज्ञान तथा गणित के अध्ययन में देखते-सुनते हैं और जिनका प्रयोग करते हैं। इस शब्दकोश में संख्यांक, रेखाएं और आकार, समय और तापमान, तथा कुछ उपयोगी अनुच्छेद सर्वनाम, विशेषण, क्रिया और पूर्वसर्ग पर भो संकलित हैं।

सम्पादक के समक्ष भारतीय छात्रों की आवश्यकतायें हमेशा सामने रही हैं और यह कोश विशेष कर उन्हीं के लिए तैयार किया गया है। आसानी से समझने के लिये सभी शब्द सही संदर्भ में चित्र के साथ दिए गए हैं और चित्र के साथ-साथ अंग्रेज़ी और हिन्दी शब्द भी दिए गये हैं। चित्रों की सहायता से छात्र इन शब्दों से अच्छी तरह परिचित हो जाएंगे जो साधारण शब्दकोशों से शायद कभी संभव नहीं होता। साथ ही छात्रों को अपना अंग्रेज़ी और हिन्दी का शब्दज्ञान बढ़ाने में भी सहायता मिलेगी।

ऑक्सफ़र्ड सचित्र शब्दकोश औरों की तरह मात्र एक कोश नहीं है,यह बालकों और प्रौढ़ अध्येताओं के मानसिक विकास का अद्वितीय साधन है। जहाँ एक ओर वे सुपरिचित चीज़ों को दो भाषाओं की संज्ञाओं में अभिहित कर सकते हैं, दूसरी ओर चित्रों के कारण शब्दों की परिभाषा उनके मन में संबलित होती है। इस तरह सचित्र शब्दकोश बालकों के ज्ञानवर्धन का अनुपम साथी है।

यह एक द्वैभाषिक कोश है और जो भी अंग्रेज़ी या हिन्दी सीखना चाहते हैं, उनके लिए यह बहुत उपयोगी सिद्ध होगा।

Oxford Picture Dictionary

Specially useful for children and adult learners

HOW TO USE THIS DICTIONARY

1. The list of Contents is printed in English followed by a translation in your own language. Study these lists and learn the order of subjects so that you can quickly turn to any page you want. Then examine the picture carefully so that you will become familiar with them in time.
2. To find the English word for something:
   (a) Look through the list of Contents and decide which picture page may contain what you are looking for.
   (b) If the object has been included you will find it in its natural surroundings. For example, is shown in the picture page TRAVEL BY WATER.
   (c) When you turn to the picture page, you will see that the object has a number. Look for that number in the list of words on the same page. Against it will be the English word and also the word in your language.
3. When you have found the word you are looking for, look at some of the related words. Try to remember these by referring to the illustration and to the translation.
4. It is not possible in a small dictionary like this one to include every word that a learner of English may read or learn. Words which are not in everyday use and which cannot be illustrated have been excluded.

इस शब्दकोश का कैसे उपयोग करें ?

1. विषय सूची पहले अंग्रेज़ी और उसके साथ हिंदी में छपी है। इन सूचियों को ध्यान देकर पढ़ने से इनके क्रम को समझ लेने पर जिस पृष्ठ पर जो भी शब्द देखना हो, आसानी से पृष्ठ उलट कर देखा जा सकता है। चित्र गौर से देखने से कुछ समय बाद उनसे अच्छी तरह परिचित हुआ जा सकता है।
2. किसी वस्तु के लिए अंग्रेज़ी शब्द का पता लगाने के लिए:
   (a) विषय सूची को देखिए और तय कीजिए कि जिस शब्द को आप खोज रहे हैं वह किस सचित्र पृष्ठ पर होगा।
   (b) यदि वह वस्तु शब्दकोश में है, तो आप देखेंगे कि यह अपने परिवेश में हैं। उदाहरणार्थ समुद्री यात्रा पृष्ठ पर दिखाया गया है।
   (c) जब आप इस पृष्ठ को खोलेंगे तो आप देखेंगे कि प्रत्येक वस्तु को एक नम्बर दिया गया है। उस नम्बर को उसी पृष्ठ पर दिये गये शब्दों के साथ देखिए—पहले वह अंग्रेज़ी में होगा और फिर हिन्दी में।
3. जब आपको शब्द मिल जाए जिसे आप खोज रहे हैं तब उससे संबंधित कुछ और शब्दों को भी देखिए। उनको भी चित्र और अनुवाद को देख कर याद करने की कोशिश करें।
4. यह संभव नहीं है कि ऐसे छोटे शब्दकोश में जैसा यह है वे सब शब्द संगृहीत हों जो अंग्रेज़ी सीखने वाले छात्र पढ़ रहे हों। जो शब्द नित्यप्रति जीवन में व्यवहार में न आते हों, या जिनके चित्र न बन सकते हों, उनको इस शब्दकोश में संकलित नहीं किया गया है।

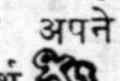

1 IN SPACE अंतरिक्ष में

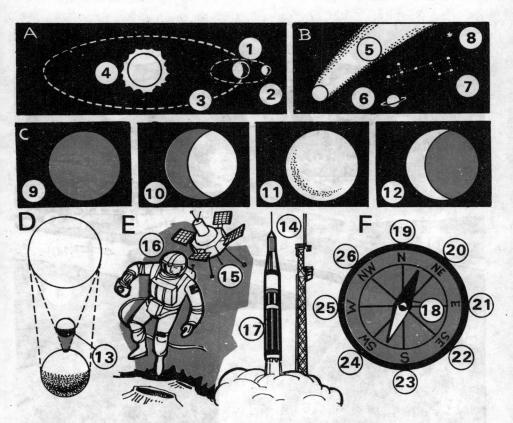

A Sun, Earth, Moon सूर्य, पृथ्वी, चंद्रमा

1 Earth पृथ्वी
2 Moon चंद्रमा
3 orbit कक्ष, ग्रहपथ
4 Sun सूर्य

B The sky by night रात्रि में आकाश

5 comet धूमकेतु
6 planet ग्रह
7 constellation तारा मंडल
8 star तारा

C Phases of the moon चंद्रमा की कलाएं

9 new (or crescent) moon नवचंद्र
10 half moon अष्टमी का चंद्रमा
11 full moon पूर्णिमा, पूर्णचंद्र, पुर्णेंदु
12 old (waning) moon घटता हुआ चंद्रमा

D Eclipse of the sun सूर्यग्रहण

13 shadow छाया

E Space travel अंतरिक्ष यात्रा

14 nose cone नासाशंकु
15 satellite (or capsule) उपग्रह (कैप्स्यूल)
16 spaceman अंतरिक्ष-यात्री
17 space rocket अंतरिक्ष-यान

F Points of the compass कुतुबनुमा में दिशाएं

18 compass needle दिक्सूची, कुतुबनुमा की सूई
19 North उत्तर
20 North-East उत्तर-पूर्व
21 East पूर्व
22 South-East दक्षिण-पूर्व
23 South दक्षिण
24 South-West दक्षिण-पश्चिम
25 West पश्चिम
26 North-West उत्तर-पश्चिम

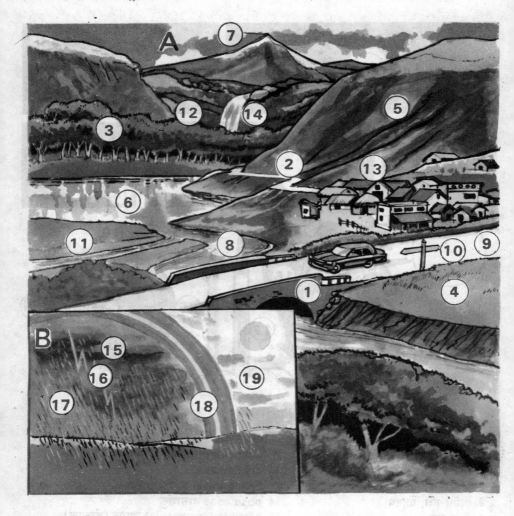

2 ON LAND भूतल पर

A The countryside विशिष्ट ग्रामीण क्षेत्र

1 bridge पुल, ब्रिज
2 footpath पगडंडी
3 forest वन, जंगल
4 grass घास
5 hill पहाड़ी
6 lake झील
7 peak शिखर
8 river नदी
9 road पथ, मार्ग, सड़क
10 signpost मार्ग पट्ट
11 tributary सहायक नदी
12 valley घाटी
13 village गाँव
14 waterfall जलप्रपात

B The weather मौसम

15 cloud बादल
16 lightning बिजली, तड़ित
17 rain वर्षा
18 rainbow इंद्रधनुष
19 sunshine सूर्य प्रकाश, धूप

3 THE WORLD संसार

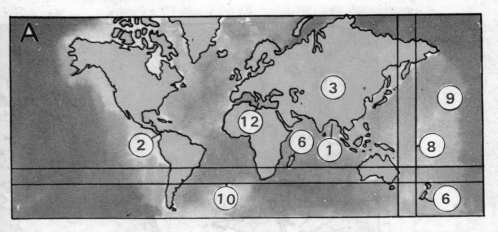

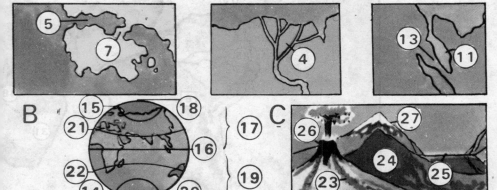

3

B

C

A Map मानचित्र
1 bay खाड़ी
2 canal नहर
3 continent महाद्वीप
4 delta डेल्टा
5 gulf खाड़ी
6 island द्वीप
7 isthmus थलसंधि
8 meridians of longitude देशान्तर रेखाएं
9 ocean महासागर
10 parallels of latitude अक्षांश वृत्त
11 peninsula प्रायद्वीप
12 sea सागर
13 strait (or channel) जलसंधि

B The globe ग्लोब
14 Antarctic Circle दक्षिणी ध्रुव वृत्त
15 Arctic Circle उत्तरी ध्रुव वृत्त
16 Equator विषुवत् रेखा
17 Northern Hemisphere उत्तरी गोलार्ध
18 North Pole उत्तरी ध्रुव
19 Southern Hemisphere दक्षिणी गोलार्ध
20 South Pole दक्षिणी ध्रुव
21 Tropic of Cancer कर्क वृत्त
22 Tropic of Capricorn मकर वृत्त

C Mountains पर्वत
23 lava लावा
24 mountain(s) पर्वत
25 plateau पठार
26 volcano ज्वालामुखी
27 snow हिम, बरफ़

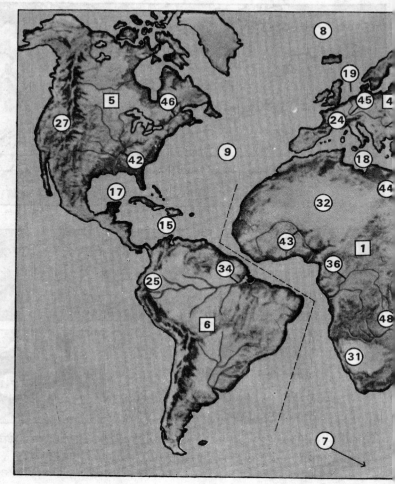

A Continents महाद्वीप
1 Africa अफ्रीका
2 Asia एशिया
3 Australia आस्ट्रेलिया
4 Europe यूरोप
5 North America उत्तर अमेरिका
6 South America दक्षिण अमेरिका

B Oceans महासागर
7 Antarctic (Southern) एंटार्कटिक (दक्षिणी)
8 Arctic आर्कटिक
9 Atlantic एटलांटिक
10 Indian हिंद
11 Pacific प्रशान्त

C Main seas and gulfs प्रमुख खाड़ियां और सागर
12 Arabian Sea अरब सागर
13 Bay of Bengal बंगाल की खाड़ी
14 Black Sea काला सागर
15 Caribbean Sea कैरिबियन सागर
16 Caspian Sea कैस्पियन सागर
17 Gulf of Mexico मैक्सिको की खाड़ी
18 Mediterranean Sea भूमध्य सागर
19 North Sea उत्तरी सागर
20 Sea of Japan जापान सागर
21 Yellow Sea (पीत) पीला सागर
22 Red Sea लाल सागर
23 South China Sea दक्षिण चीन सागर

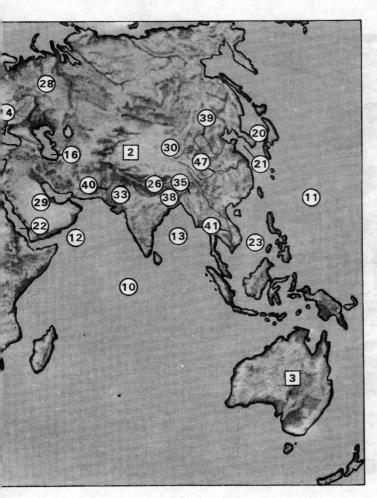

D Main mountain ranges प्रमुख पर्वत मालाएं

24 Alps एल्प्स
25 Andes एंडीज़
26 Himalayas हिमालय
27 Rocky Mountains रॉकी पर्वतमाला
28 Urals उराल

E Main deserts प्रमुख मरुभूमि

29 Arabian अरब
30 Gobi गोबी
31 Kalahari कालाहारी
32 Sahara सहारा
33 Thar थार

F Main rivers प्रमुख नदियाँ

34 Amazon अमेज़न
35 Brahmaputra ब्रह्मपुत्र
36 Congo कांगो
37 Danube डैन्यूब
38 Ganges गंगा
39 Hwang Ho ह्वांगहो
40 Indus सिंधु
41 Mekong मिकांग
42 Mississippi मिसिसिपी
43 Niger नाइजर
44 Nile नील
45 Rhine राइन
46 St Lawrence सेंट लॉरंस
47 Yangtze यांगटीसी
48 Zambezi ज़ेम्बेसी

6 THE TOWN, 1 नगर,1

1 advertisement विज्ञापन
2 auto-rickshaw ऑटो-रिक्शा
3 bank बैंक
4 banner ध्वज, पताका
5 barrow ठेला
6 bicycle बाइसिकिल
7 bus बस
8 bus stop and shelter बस स्टाप, बस अड्डा
9 (motor-) car (मोटर-) गाड़ी
10 cart बैलगाड़ी
11 cinema सिनेमा
12 corner नाका, कोना, कॉर्नर
13 crossroads चौराहा
14 cycle-rickshaw साइकिल-रिक्शा
15 dustbin कूड़ादान
16 fly-over फ़्लाई-ओवर
17 fountain फ़ौवारा
18 gutter नाली
19 hotel होटल
20 kerb मोड़, किनारा
21 lamp post बत्ती का खंभा, लैंप पोस्ट

22 motor-cycle (or -bike) मोटर साइकिल

23 notice नोटिस, सूचना

24 pavement पटरी

25 pedestrian crossing पैदल पारपथ

26 petrol station पैट्रोल स्टेशन

27 queue क्यू, कतार

28 restaurant रेस्त्राँ, उपाहार गृह, विश्रांति

29 scooter स्कूटर

30 statue प्रतिमा, मूर्ति

31 taxi (or cab) टैक्सी

32 telephone kiosk (or booth) टेलीफ़ोन कोष्ट

33 traffic lights यातायात निर्देशिका

34 traffic policeman ट्रैफ़िक पुलिसमैन

35 traffic sign ट्रैफ़िक चिह्न

36 truck (or lorry) ट्रक (या लारी)

8 THE COAST समुद्र तट

A
8
C

A Bay खाड़ी
1 beach (or sea-shore) समुद्र सैकत
2 breakwater तरंग-रोध
3 cape अंतरीप
4 cave गुफा
5 cliff चट्टान
6 creek (or inlet) सँकरी खाड़ी
7 fishing-boat मछुये की नाव
8 fishing-net मछुये का जाल
9 horizon क्षितिज
10 sand बालू
11 sea-wall समुद्री दीवार
12 seaweed समुद्री शैवाल

B Safety at sea सुरक्षा, समुद्र पर
13 life-belt लाइफ़-बैल्ट, रक्षा-पेटी
14 life-boat लाइफ़-बोट, रक्षा-नौका
15 lighthouse प्रकाश-गृह, लाइटहाउस
16 lightship दीप-नौका, लाइटशिप
17 rock(s) चट्टान (नें)

C Coral island प्रवाल द्वीप
18 island द्वीप
19 lagoon लैगून
20 reef प्रवाल-भित्ती
21 waves लहरें

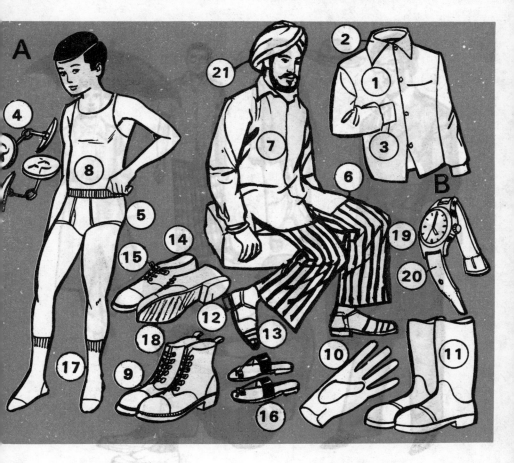

9 CLOTHES, MEN AND BOYS, 1 पोशाक, पुरुषों और बालकों की, 1

A Clothes वस्त्र
1 bush-shirt बुश-शर्ट
2 collar कॉलर
3 cuff कफ़
4 cuff-links कफ़-लिंक्स
5 *(under) pants जांघिया
6 pyjamas पायजामा
7 shirt कमीज़
8 vest (or singlet) बनियान
B For hands and feet हाथों और पैरों के लिए
9 *boot(s) बूट, जूते
10 *gloves(s) दस्ताने
11 *gum (or wellington) boot(s) गम बूट्स
12 heel एड़ी
13 *sandal(s) सैंडल, चप्पल, जूती
14 *shoe(s) जूते
15 shoe-laces जूते का फ़ीता, तस्मा
16 *slipper(s) स्लीपर, जूती
17 *sock(s) मोजे
18 sole तल्ला
19 (wrist-) watch कलाई की घड़ी
20 strap घड़ी का फ़ीता
21 turban साफ़ा, पगड़ी

*a pair of —s-की एक जोड़ी, का एक जोड़ा

1 coat कोट
2 collar कॉलर
3 handkerchief रूमाल
4 hat हैट, टोप
5 pocket जेब
6 sleeve बाँह
7 *spectacles (or glasses) चश्मा
8 (neck)tie टाई
9 *trousers (or pants) पतलून
10 waistcoat वास्कट
11 dhoti धोती
12 lungi लुंगी
13 raincoat बरसाती
14 umbrella छाता
15 cap टोपी
16 *jeans जीन्स
17 *shorts शॉर्ट्स/निकर्स
18 kurta कुरता

*a pair of —s — का एक जोड़ा

11 CLOTHES, WOMEN AND GIRLS पोशाक, स्त्रियों और बालिकाओं की

A Clothes पोशाक
1 belt बेल्ट, पेटी
2 blouse ब्लाउस
3 brooch ब्रोच, जड़ाऊ पिन
4 buckle बकसुआ, बकल
5 coat (or jacket) कोट (या जैकेट)
6 frock फ्रॉक
7 nightdress रात की पोशाक
8 *panties (or underwear) जांघिया
9 petticoat पेटीकोट, साया
10 sari साड़ी
11 shawl शाल
12 skirt स्कर्ट

B For head and hands
हाथों और सिर के लिए
13 bangles चूड़ियाँ
14 bracelet कँगन, बाजूबंद
15 ear-ring बाली
16 hairpin हेयर पिन
17 locket and chain लॉकेट और चेन
18 necklace (of beads) माला
19 ring अँगूठी

*a pair of —s — की एक जोड़ी

12 CLOTHES, WOMEN, GIRLS AND BABIES
पोशाक, स्त्रियों, बालिकाओं और शिशुओं की

A For casual wear अनौपचारिक (रोज़मर्रा की) पोशाक
1 cape केप
2 head-scarf स्कार्फ़
3 plait वेणी, चोटी
4 pullover (or sweater) पुलओवर (या स्वेटर)
5 *sandal(s) सैंडल, चप्पल, जूती
6 *slacks स्लैक्स

B salwar-kameez सलवार-कमीज़
7 salwar सलवार
8 kameez कमीज़
9 dupatta दुपट्टा
10 nose-ring नथ
11 *chappals चप्पल

*a pair of — s — की एक जोड़ी

C Making-up प्रसाधन
12 hair oil केश तैल
13 lipstick लिपस्टिक
14 perfume इत्र, सेन्ट
15 powder-compact पाउडर की डिब्बी
16 powder-puff पाउडर पफ़
17 skin cream क्रीम

D The baby शिशु
18 bib बिब
19 cradle पालना
20 doll गुड़िया
21 feeding bottle दूध की बोतल
22 napkin (or nappie) नैपी, कामदानी
23 rattle झुनझुना
24 toy(s) खिलौने

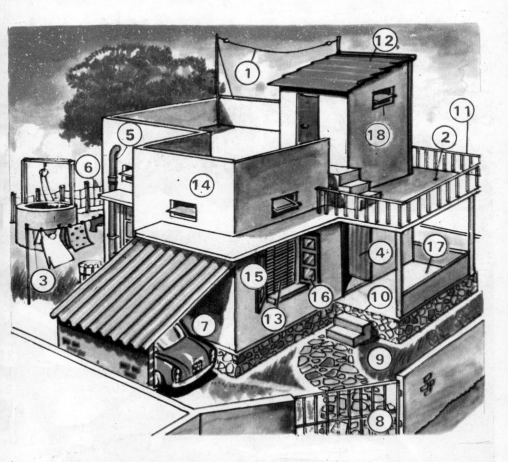

13 A HOUSE TO LIVE IN (See also page 35) घर (पृ॰ 35 भी देखिए)

1 aerial एरियल
2 balcony बारजा
3 clothes-line अलगनी
4 door दरवाज़ा
5 drain-pipe निकास नल
6 fence फ़ेंस, बाड़ा
7 garage गैरेज
8 gate फाटक
9 lawn लॉन
10 porch छज्जा, बरसाती
11 railings जंगला
12 roof छत
13 sun-blind चिक
14 wall दीवार
15 window खिड़की
16 window-pane खिड़की का शीशा
17 veranda बरामदा
18 ventilator रोशनदान

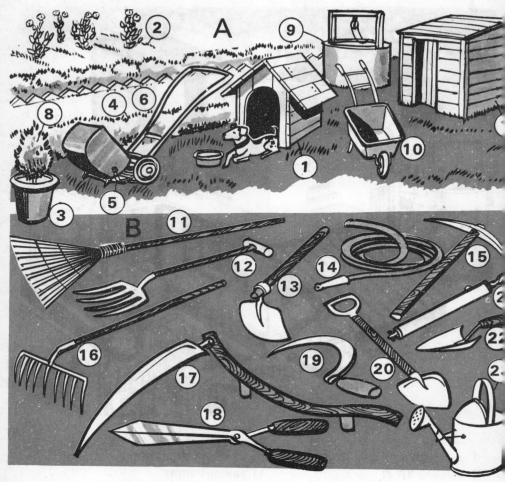

A In the garden बगीचे में
1 dog-kennel कुत्ता-घर
2 flower-bed (or border) फूलों की क्यारी
3 flower-pot गमला
4 hedge हेज, बाड़
5 lawn-mower लॉन-मोअर
6 path पथ
7 shed शेड, लकड़ी की झोंपड़ी
8 shrub झाड़ी
9 well कुआं
10 wheel barrow एकपहिया ठेला
B Garden tools बगीचे के औज़ार
11 broom झाड़ू
12 (garden) fork पाँचा
13 hoe कुदाल, फावड़ा
14 hose pipe पाइप
15 pickaxe गैंती
16 rake पाँचा
17 scythe दराँती
18 shears कैंचा
19 sickle हँसिया
20 spade बेलचा
21 syringe (or spray) पिचकारी
22 trowel करनी
23 watering-can हज़ारा

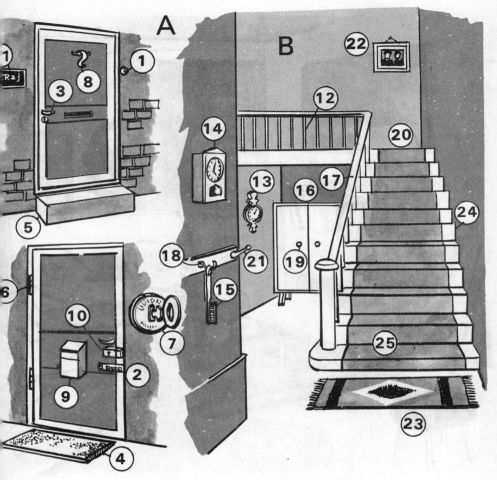

15 DOORWAY AND ENTRANCE प्रवेशद्वार

A The door दरवाज़ा
1 bell (or bell-push) घंटी
2 bolt सिटकिनी
3 door-handle हैंडल
4 door-mat पायदान
5 doorstep सीढ़ी
6 hinge कब्ज़ा
7 key in keyhole चाबी
8 knocker कुंडा
9 letter-box पत्रपिटारी, लेटरबॉक्स
10 lock ताला
11 name-plate नामपट्ट, नेमप्लेट

B Entrance and staircase (or stairs) प्रवेश द्वार और सीढ़ियाँ

12 banisters जंगला
13 barometer बैरोमीटर
14 clock दीवार घड़ी
15 clothes-brush कपड़ों के लिए ब्रश
16 cupboard अलमारी
17 handrail सीढ़ियों के अगर-कगर पटरी-बंदी
18 hook खूँटी, कँटिया
19 knob (of cupboard) मूठ
20 landing सीढ़ियों के बीच का पावदान
21 (hat-) peg हैट खूँटी
22 photograph फोटो, चित्र, तस्वीर
23 rug दरी
24 stair सीढ़ी
25 stair carpet सीढ़ी की दरी

16 SITTING-ROOM OR LIVING-ROOM बैठक (ड्राइंगरूम)

1 ash-tray ऐश-ट्रे, राखपात्र
2 bolster गाव तकिया
3 bookcase बुक केस
4 cabinet अलमारी
5 candle and candlestick मोम बत्ती और बत्तीदान (शमादान)
6 carpet ग़लीचा, कालीन
7 ceiling छत
8 coffee table कॉफ़ी-मेज़
9 easy chair आराम कुर्सी
10 couch (or settee sofa) काउच, सोफा
11 curtain(s) पर्दे
12 cushion तकिया
13 divan दीवान
14 electric fan पंखा
15 lamp (with shade) लैंप
16 light switch स्विच
17 picture तस्वीर, चित्र
18 picture-frame फ्रेम
19 teapoy तिपाई
20 vase फूलदान
21 pelmet पेलमेट

17 DINING-ROOM भोजनकक्ष, खाने का कमरा

A Furniture फ़र्नीचर, मेज़-कुर्सी
1 (upright) chair कुर्सी
2 dining-table खाने की मेज़
3 drawer दराज़
4 sideboard साइडबोर्ड
5 tray ट्रे

B At table मेज़ पर
6 dessert-spoon चम्मच
7 electric toaster टोस्टर
8 fork काँटा
9 glass गिलास
10 knife छुरी
11 mustard pot सरसों दानी
12 pepper pot काली मिर्चदानी
13 salt cellar नमकदानी
14 serviette (or table-napkin) नैपकिन
15 serviette ring छल्ला
16 (drinking) straw स्ट्रॉ
17 tablespoon बड़ा चम्मच
18 teaspoon चाय की चम्मच
19 toothpicks दंत खोदनी

1 alarm clock अलार्म घड़ी
2 bedspread पलंगपोश
3 blanket कम्बल
4 coat-hanger कोट हैंगर
5 chest of drawers दराज़वाली
    अलमारी
6 comb कंघा
7 cot पलंग
8 dressing-table सिंगार मेज़
9 hairbrush हेयर ब्रश
10 jewellery box ज़ेवरों का बक्सा,
    मंजूषा

11 mattress गद्दा
12 mirror (or looking-glass) शीशा
13 mosquito net मसहरी, मच्छरदानी
14 pillow तकिया
15 pillow-case (or slip) तकिया गिलाफ़
16 quilt रज़ाई
17 reading lamp लैंप
18 screen परदा
19 sheet चादरा
20 stool स्टूल
21 wardrobe कपड़ों की अलमारी

19 BATHROOM AND LAVATORY स्नानगृह और शौचालय

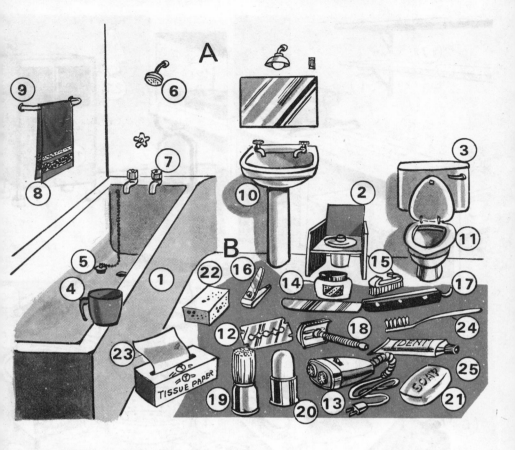

A Bath and lavatory (or 'toilet', 'W.C.' or 'water closet')
स्नानगृह और शौचालय

1 bath (or tub) टब
2 commode कमोड
3 flush cistern टंकी
4 mug मग
5 plug प्लग
6 shower शावर, फ़ौवारा
7 tap नल
8 towel तौलिया
9 towel-rail तौलिया रेल
10 wash-basin वॉश बेसिन
11 W.C. pan पॉट

B Toilet articles प्रसाधन वस्तुएं
12 blade ब्लेड
13 electric razor बिजली का उस्तुरा
14 hair-cream केशक्रीम
15 nail brush नाखून का ब्रश
16 nail clipper नाखून काटने का औज़ार
17 razor छुरा, रेज़र
18 safety razor उस्तुरा जिससे खाल न कटे
19 shaving-brush हजामत का ब्रश
20 shaving-soap हजामत का साबुन
21 (toilet) soap (स्नान का) साबुन
22 sponge स्पंज
23 (box of) tissues शौच का कागज़, टिसू पेपर
24 tooth-brush दंत ब्रश
25 tooth-paste दंत मंजन

20 KITCHEN रसोई

1 bracket दीवारगिरी
2 broom झाड़ू
3 brush ब्रश
4 colander छलनी
5 draining-board बोर्ड
6 dustpan कूड़ा उठाने का पात्र
7 gas cylinder गैस सिलिंडर
8 grinding stone सिल
9 ladle करछुल
10 larder अलमारी
11 mop पोंछा
12 (box of) matches दियासलाई
13 pail (or bucket) बाल्टी
14 rolling board and pin चकला-बेलन
15 scales तराज़ू
16 scrubbing brush फ़र्श का ब्रश
17 shelf सामान रखने की जगह
18 sieve (or strainer) छलनी
19 sink सिंक, बरतन धोने की जगह
20 (gas) stove (गैस) स्टोव
21 teacloth गमछा
22 tin-opener टीन खोलने वाला

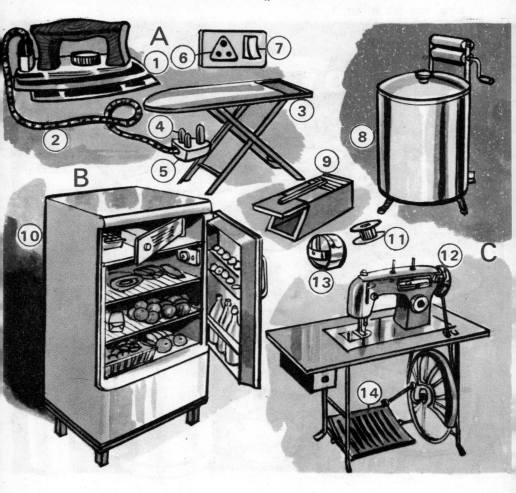

A Fo laundry कपड़ों की धुलाई के लिए
1 electric iron बिजली की इस्त्री
2 flex तार
3 ironing-board इस्त्री करने का मेज़
4 pin (of plug) पिन
5 plug प्लग
6 power point (or socket) बिजली (पावर) का प्वाइंट
7 switch स्विच
8 washing machine कपड़े धोने की मशीन

B For food storage भोजन को सुरक्षित रखने के लिए
9 mousetrap चूहेदान
10 refrigerator (or 'fridge') ठंडी अलमारी, रेफ़्रिजरेटर (फ़्रिज)

C For sewing सिलाई के लिए
11 bobbin धागे की रील
12 sewing machine सिलाई की मशीन
13 shuttle फिरकी, नली
14 treadle पावदान, पैडिल

CONTAINERS 1, FOR FOOD AND DRINK
बर्तन, खाने-पीने के लिए, 1

1 bottle बोतल
2 feeding-bottle (शिशु के) दूध की बोतल
3 bowl (or basin) चिलमची
4 casserole पतीली, देगची
5 coffee-pot कॉफी-पॉट, क़हवादानी
6 cup प्याला
7 dish तश्तरी
8 frying-pan तलने का हैंडिलदार बर्तन
9 glass गिलास
10 (pickle) jar अचारदानी
11 jug जग
12 kettle केतली
13 plate प्लेट
14 rice cooker चावल कुकर
15 saucepan (or pot) with lid सॉसपैन
16 saucer पिर्च
17 teapot चायदानी
18 tin (or can) टिन या कैन
19 urn जलपात्र
20 vacuum (or thermos) flask थर्मोस फ़्लास्क

23 CONTAINERS 2, FOR CARRYING AND STORING
धारक 2, यात्रा के लिए और चीजें रखने के लिए

1 bag (or holdall) बैग और होल्डऑल
2 barrel (or cask) बैरल
3 basket टोकरी
4 bedroll बिस्तरबंद
5 (dust-) bin कूड़ादान
6 box (or carton) डिब्बा
7 brief-case ब्रीफ़ केस
8 crate क्रेट
9 drum ड्रम
10 hand-bag हैंडबैग, बटुआ
11 packing-case पैकिंगकेस
12 parcel पार्सल
13 purse पर्स
14 rucksack (or pack) रकसैक
15 sack बोरी
16 safe सेफ़, तिजोरी
17 suitcase सूटकेस
18 tank (or cistern) टंकी
19 tiffin-carrier टिफ़िन कैरियर
20 trunk ट्रंक
21 tube with cap टोपी समेत ट्यूब
22 wallet बटुआ, वालेट

1 air pilot पाइलट, वायुयानचालक
2 barber हज्जाम, नाई
3 butcher कस्साब
4 carpenter बढ़ई
5 cobbler मोची
6 bank clerk बैंक क्लर्क
7 (bus-) conductor बस कंडक्टर
8 cook (or chef) कुक, रसोइया
9 decorator (or house-painter)
   रंगसाज़
10 dentist दांतों का डाक्टर, दंदानसाज़

11 detective गुप्तचर
12 docker डॉकर, गोदी मज़दूर
13 doctor डॉक्टर
14 (bus-) driver बस ड्राइवर
15 dustman (or sweeper) सफ़ाई
   जमादार
16 farmer खेतिहर, किसान
17 fireman फायरमैन
18 fisherman मछुआ
19 fitter (or mechanic) फिटर, मैकेनिक
20 (train-) guard रेल्वे गार्ड

25 OCCUPATIONS, 2 व्यवसाय, 2

21 hawker फेरीवाला
22 launderer (or washerman) धोबी
23 miner खनिक, माइनर
24 musician गायक, वादक
25 nun (ईसाई) भिक्षुणी
26 nurse नर्स
27 policeman पुलिसमैन
28 (railway) porter कुली
29 postman डाकिया
30 priest पादरी
31 printer मुद्रक
32 pupil (or student) छात्र
33 sailor नाविक
34 scientist वैज्ञानिक
35 secretary सचिव
36 salesman विक्रेता
37 shopkeeper दुकानदार
38 soldier सैनिक
39 (airline) steward
वायु सेवा का प्रबंधक
40 tailor दर्ज़ी
41 teacher अध्यापक, आचार्य
42 ticket collector टिकिट कलैक्टर
43 waiter (or female:waitress)
वेटर (स्त्रीलि० परिचायिका, वेट्रेस)
44 weaver बुनकर

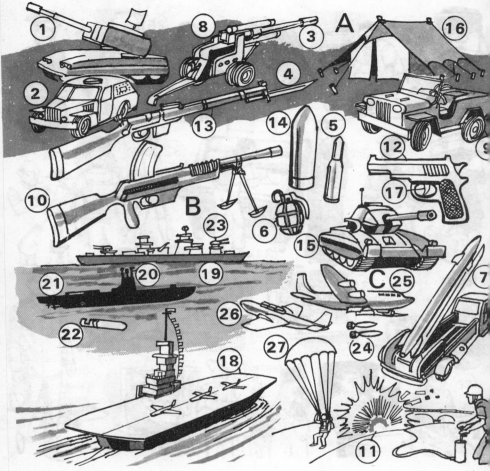

A Army सेना
1 anti-aircraft gun विमान भेदी तोप
2 armoured car बख़्तरबंद गाड़ी
3 barrel (तोप की) नाल
4 bayonet बर्छी
5 bullet in cartridge कार्ट्रिज में गोली
6 grenade हथगोला
7 guided missile प्रक्षेपास्त्र
8 cannon on gun-carriage तोप गाड़ी
9 jeep जीप
10 machine-gun मशीन-गन
11 mine सुरंग, माइन
12 pistol (or revolver) पिस्तौल, रिवाल्वर
13 rifle राइफ़ल
14 shell शेल
15 tank टैंक
16 tent तंबू
17 trigger (बंदूक का) घोड़ा, लिबलिबी
B Navy नौसेना
18 aircraft carrier वायुयान वाहक
19 frigate फ्रिगेट
20 periscope पेरिस्कोप, दूरदर्शी
21 submarine सबमेरीन, पनडुब्बी
22 torpedo टॉरपीडो
23 turret टरट, बुर्ज़
C Air Force वायुसेना
24 bomb बम
25 bomber बमवर्षक, बौम्बर
26 fighter plane लड़ाकू विमान, फ़ाइटर
27 parachute पैराशूट, हवाई छतरी

27 SOCIAL SERVICES, FIRE AND MEDICAL SERVICES
समाज सेवायें, अग्निशमन और चिकित्सा

A Fire Services अग्निशमन सेवा
1 fire आग, अग्नि
2 fire-engine दमकल, फायर एंजिन
3 fire-escape लम्बी सीढ़ी
4 flame(s) लपटें
5 hose (-pipe) होज़ पाइप
6 hydrant बम्बा, नलका
7 jet तेजधार, जैट
8 nozzle टोंटी, नॉज़ल

B Medical Services चिकित्सा सेवा
9 ambulance एंबुलेंस
10 bandage पट्टी
11 crutch(es) बैसाखी
12 hospital अस्पताल
13 hypodermic syringe सुई (इंजेक्शन की)
14 (bottle of) medicine दवा की शीशी
15 (box of) pills गोलियों का डिब्बा
16 sling तिकोनी पट्टी, स्लिंग
17 stethoscope स्टेथोस्कोप
18 stretcher स्ट्रेचर
19 temperature chart (or graph) तापमान चार्ट
20 thermometer थर्मामीटर
21 X-ray photograph एक्स-रे चित्र

SOCIAL SERVICES, LAW AND ORDER

समाज सेवायें, कानून और व्यवस्था

A Detection अपराधी का (खुफ़िया) पता लगाना

1 fingerprint अंगुली-चिह्न
2 footprint पदचिह्न
3 handcuffs हथकड़ी
4 helmet हेल्मेट
5 magnifying glass आतशी शीशा
6 torch टॉर्च
7 truncheon (or lathi) लाठी

B Law court कचहरी, न्यायालय

8 accused अभियुक्त
9 dock अभियुक्त का कटघरा
10 gown (or robe) गाऊन (चोग़ा)
11 judge जज, न्यायाधीश
12 jury जूरी
13 lawyer (or advocate or pleader) वकील, अधिवक्ता
14 policeman पुलिसमैन
15 wig विग
16 witness गवाह
17 witness-box गवाह का स्थान

C Prison जेल

18 cell सेल, कोठरी
19 prisoner कैदी
20 warder वार्डर

29 SOCIAL SERVICES, POST OFFICE

समाज सेवायें, डाकघर

1 address पता
2 airmail letter हवाई पत्र
3 envelope लिफ़ाफ़ा
4 inland letter card अन्तर्देशीय पत्र कार्ड
5 mail bag डाक-थैला
6 money order form मनीआर्डर फार्म
7 post-(letter-)box लेटर बॉक्स
8 postcard पोस्टकार्ड
9 posting a letter पत्र प्रेषित करना
10 postmark डाक घर की छाप
11 seal छाप, ठप्पा, मुहर
12 sealing-wax चपड़ा
13 slot खांचा
14 stamp टिकट, स्टैम्प
15 telegram (or wire or cable) तार

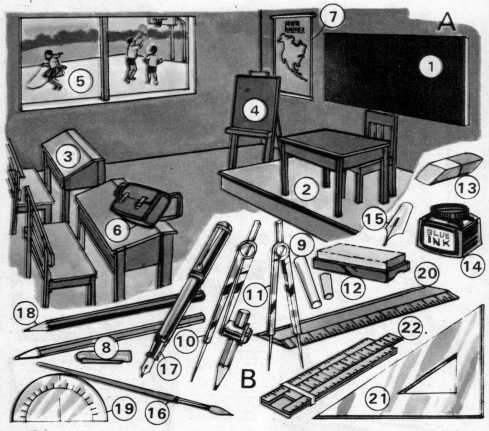

A School classroom विद्यालय में एक कक्षा

1 blackboard श्यामपट्ट, ब्लैकबोर्ड
2 dais (or platform) मंच
3 desk मेज़
4 easel ईज़ल, तस्वीर रखने का स्टैंड
5 playground खेल का मैदान
6 satchel बस्ता
7 wall map वॉल मैप, बड़ा मानचित्र

B Writing and drawing लिखना और चित्र बनाना

8 ball-point pen बाल पेन
9 chalk खड़िया, चॉक
10 compasses परकार
11 dividers डिवाइडर
12 duster डस्टर
13 eraser रबड़
14 ink स्याही
15 pen nib निब
16 paintbrush चित्र बनाने का ब्रश
17 (fountain-) pen फाउंटेन पेन
18 pencil पेंसिल
19 protractor प्रोट्रैक्टर
20 ruler फुटा
21 set-square सेटस्क्वायर
22 slide-rule स्लाइड रूल

31 SOCIAL SERVICES, EDUCATION 2

समाज सेवायें, शिक्षा 2

A Library पुस्तकालय, लाइब्रेरी
1 atlas मानचित्रावली, एटलस
2 book(s) पुस्तकें
3 card index कार्ड इन्डेक्स
4 catalogue सूचीपत्र
5 issue desk पुस्तक इशू करने की मेज़
6 magazine पत्रिका
7 newspaper दैनिक समाचार पत्र
8 shelf अलमारी

B A book एक पुस्तक
9 cover कवर
10 flap फ़्लैप
11 illustration चित्र
12 (dust) jacket जैकेट
13 page पृष्ठ
14 spine स्पाइन, पुश्त

C Language laboratory
भाषा विज्ञान की प्रयोगशाला
15 booth बूथ
16 cassette (or player) कैसेट
17 controls कंट्रोल
18 earphones इयरफ़ोन
19 microphone माइक्रोफ़ोन
20 reel रील
21 tape टेप
22 tape recorder टेप रिकार्डर

32 SOCIAL SERVICES, EDUCATION 3, SCIENCE LABORATORY
समाज सेवायें, शिक्षा 3, विज्ञान प्रयोगशाला

1 balance तराजू, तुला
2 beaker बीकर
3 beam तुलादंड
4 bench बेंच
5 bunsen burner बुन्सेन बर्नर
6 crystal क्रिस्टल, बिल्लौर, मणिभ
7 dial डायल
8 flask फ़्लास्क
9 magnet चुम्बक
10 meter मीटर
11 microscope सूक्ष्मदर्शी
12 pestle and mortar हावन-दस्ता
13 pipette पिपेट
14 pivot पिवट, कीलक
15 pointer प्वाइंटर, संकेतक
16 prism प्रिज़्म
17 retort रिटार्ट
18 scale मापक
19 slide स्लाइड
20 test-tube परीक्षणनली, टेस्ट ट्यूब
21 tripod तिपाई, ट्राइपौड
22 weights भार मापक, बाट

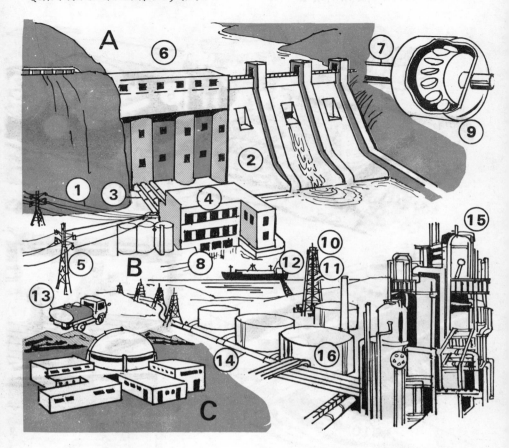

33 ENGINEERING AND CONSTRUCTION 1, POWER
इंजीनियरिंग और निर्माण 1, शक्ति

A Hydro-electric power station
जल विद्युतघर
1 cable तार
2 dam डैम, बाँध
3 (water) pipes पानी के पाइप
4 power-house बिजलीघर, पावर हाउस
5 pylon पाइलन, तोरण
6 reservoir जलाशय, कुंड
7 shaft शाफ्ट
8 spillway उत्प्लव-मार्ग, स्पिलवे
9 turbine टरबाइन

B An oil-field and petrol supply
एक तेलकूप और पेट्रोल सप्लाई
10 derrick (or rig) रिग या डेरिक
11 drill ड्रिल
12 oil tanker (ship) तेलवाहक जहाज़
13 oil tanker (vehicle) तेलवाहक ट्रक
14 pipe-line पाइप लाइन
15 refinery रिफ़ाइनरी, तेल शोधक कारखाना
16 storage tank टंकी

C Atomic power : a nuclear reactor
आणविक शक्ति : न्यूक्लयर रिएक्टर

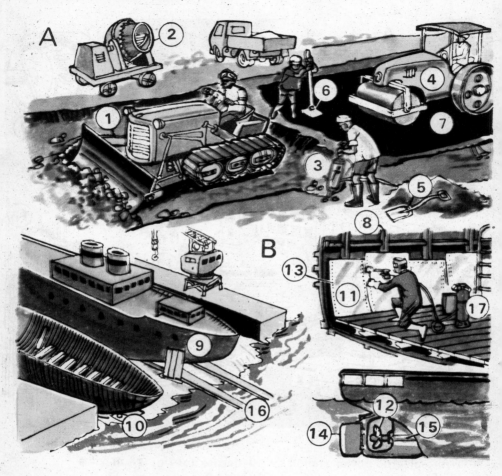

35 ENGINEERING AND CONSTRUCTION 3, HOUSE BUILDING
इंजीनियरिंग और निर्माण 3, भवन निर्माण

A Foundations and walls
नींव और दीवालें
1 bricks ईंटें
2 cellar (or basement) तहखाना
3 cement सीमेंट
4 drain (or waste-pipe)
ड्रेन (नाली)
5 floor-boards फ़र्श के तख़्ते
6 hod कठड़ा
7 hole in the ground जमीन में गढ़ा
8 ladder सीढ़ी
9 mortar गारा
10 rung डंडा
11 scaffolding नसैनी
12 (block of) stone पत्थर की पटिया
13 builder's trowel करनी

B Roof छत
14 joist कड़ी
15 chimney चिमनी
16 cistern टंकी
17 gutter नाली
18 beam बीम
19 loft दुछत्ती
20 plank काठ के शहतीर
21 ridge (of roof) मगरी (छत की)
22 tiles टाइल्स, खपरैल

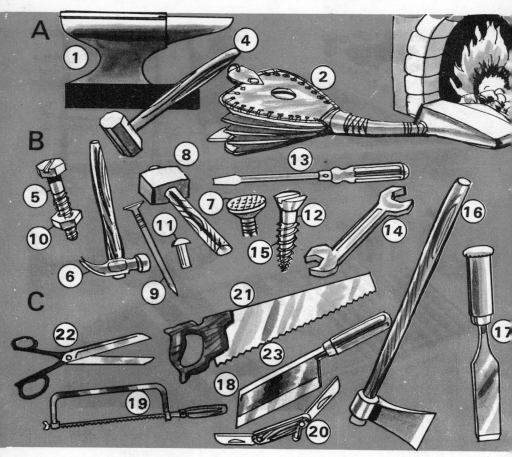

See also pages 34 and 35 पृ० 34 और 35 भी देखिए

A The forge लोहार की दुकान
1 anvil निहाई
2 bellows धौंकनी
3 furnace भट्टी
4 sledge-hammer घन (हथौड़ी)

B Tools for fastening
बाँधने और कसने के उपकरण
5 bolt बोल्ट्र
6 hammer हथौड़ी
7 head (of nail) कील का सिर
8 mallet मुंगरी
9 nail कीला
10 nut नट
11 rivet रिवेट
12 screw पेच
13 screw-driver स्क्रू ड्राइवर
14 spanner (or wrench) स्पैनर, ताली
15 thread (of screw) थ्रेड

C Tools for cutting काटने के यंत्र
16 axe (or hatchet) कुल्हाड़ी
17 chisel छेनी, रुखानी
18 chopper चौपर, गँडासा
19 hacksaw लोहा काटने की आरी (हैकसॉ)
20 (pen) knife चाकू
21 saw आरी
22 scissors कैंची
23 teeth (of saw) आरी के दांते

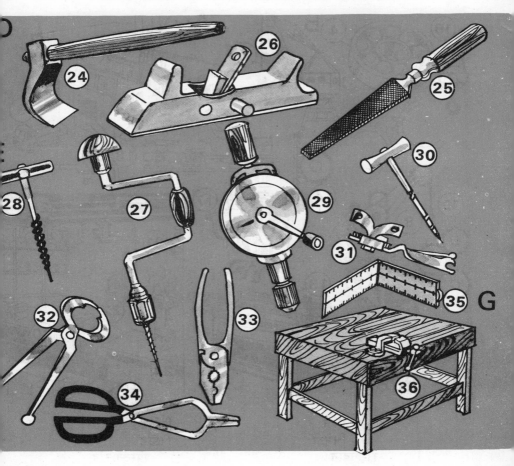

37 MANUFACTURING, TOOLS 2 औज़ार, सामान बनाने के 2

See also pages 34 and 35 पृ० 34 और 35 भी देखिए

D Tools for smoothing and shaping
चिकना करने और बनाने के उपकरण

24 adze बसूला

25 file रेती

26 plane रंदा

E Tools that make holes
छेद करने के यंत्र

27 brace and bit हाथ-बरमा

28 corkscrew काग स्क्रू

29 drill ड्रिल

30 gimlet बरमी

31 tin-opener टिन खोलने वाला

F Tools for holding पकड़ने वाले यंत्र

32 pincers सँड़सी

33 pliers प्लास

34 tongs टौंग्स

G Carpenter's bench
बढ़ई की बेंच

35 carpenter's rule फुटा

36 vice शिकंजा

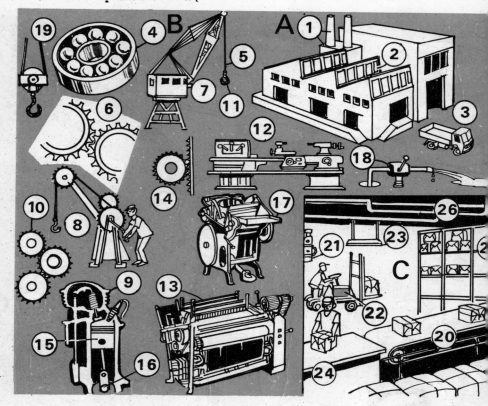

A Factory फ़ैक्टरी भवन
1 chimney stack चिमनी
2 skylights रोशनदान
3 yard अहाता

B Industrial machinery
औद्योगिक मशीनें
4 ball bearing बाल बियरिंग
5 cable तार
6 cog दाँत
7 crane क्रेन
8 crank (or winch) क्रैंक
9 cylinder सिलिंडर
10 gear-wheel गियर पहिया
11 hook हुक
12 lathe लेथ
13 loom लूम, करघा
14 pinion पिनियन
15 piston पिस्टन
16 piston rod पिस्टन रॉड
17 printing press छपाई की मशीन
18 pump पम्प
19 pulley पुली, चरखी

C Warehouse गोदाम
20 conveyer belt कन्वेयर बेल्ट
21 fire-extinguisher अग्निशामक
22 fork-lift truck फ़ॉर्क लिफ़्ट ट्रक
23 fluorescent lighting
प्रतिदीप्त बत्ती, ट्यूब लाइट
24 packing table पैकिंग मेज़
25 storage bins (or racks) शेल्फ़
26 ventilation ducts वायुसंचालन नली

39 BUSINESS ADMINISTRATION, THE OFFICE

व्यापार संगठन, दफ़्तर

1 adding machine एडिंग मशीन
2 air-conditioner एयर-कंडीशनर
3 blotter (or blotting pad) ब्लॉटर
4 carbon paper कार्बन पेपर
5 copying-machine
प्रतिलिपि करने वाली (कॉपिंग) मशीन
6 diary डायरी, दैनन्दिनी
7 date stamp तारीख मुहर, डेट स्टैंप
8 desk डेस्क, मेज़
9 dictating machine डिक्टाफ़ोन
10 duplicating machine ड्यूप्लिकेटर
11 (letter) file फ़ाइल, मिसिल
12 filing-cabinet फाइल
रखने की अलमारी
13 shorthand notebook
शार्टहैण्ड कापी
14 (sheet of) notepaper नोट पेपर
15 paper-clip पेपर क्लिप, जेम क्लिप
16 pin पिन
17 punch पंचिंग मशीन
18 revolving chair घूमनेवाली कुर्सी
19 safe तिजोरी
20 stapler स्टेप्लर
21 switchboard with operator
स्विचबोर्ड और ऑपरेटर
22 telephone टेलीफ़ोन
23 typewriter टाइपराइटर, टंकन यंत्र
24 waste-paper-basket रद्दी की टोकरी

40 TRADE AND INDUSTRY, SHOPKEEPING
व्यापार और उद्योग, दुकानदारी

A Shop (or store) दुकान
1 cash register (or till) कैश रजिस्टर
2 counter काउंटर
3 show-window शो विंडो
4 shutter शटर

B Market बाज़ार
5 awning सायबान, तिरपाल
6 stall (or booth) स्टाल, दुकान

C Money (or cash) रोकड़, नगद
7 cheque चेक
8 coin सिक्का
9 (bank) note नोट

D Accounts खाता, हिसाब-किताब, लेखा
10 bill (or invoice) बिल
11 receipt रसीद

E Packing a parcel पार्सल पैक करना
12 (tying a) knot गाँठ (बाँधना)
13 label लेबिल
14 (wrapping) paper रैंपिंग कागज़
15 string सुतली

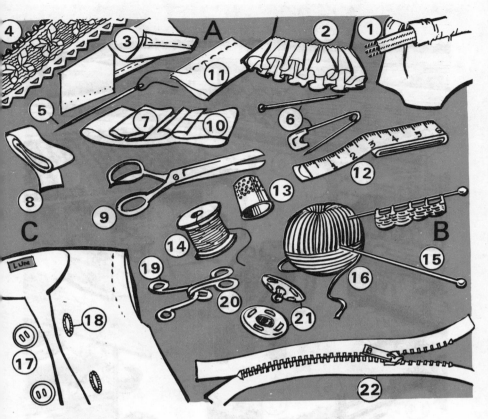

41 TRADE AND INDUSTRY, TAILORING AND DRESSMAKING
व्यापार और उद्योग, दर्जी (कपड़े सिलना)

A Sewing and needlework
सीना और कशीदाकारी
1 elastic इलास्टिक
2 frill फ्रिल, चुन्नट डालना
3 hem हेम
4 lace लेस, फीता
5 needle सुई
6 pin and safety-pin पिन व सेफ्टीपिन
7 pleat प्लेट, चुन्नट
8 ribbon (or tape) रिबन, टेप
9 scissors कैंची
10 seam सीवन
11 stitch बखिया
12 tape-measure टेप, फ़ीता
13 thimble अंगुष्ट
14 thread (or cotton) धागा

B Knitting बुनाई
15 knitting-needle बुनाई की सलाई
16 wool ऊन

C Dress fasteners बटन आदि
17 button बटन
18 buttonhole काज
19 eye आई
20 hook हुक
21 press-stud टिच बटन
22 zip-fastener (or zipper)
ज़िप फ़ास्नर

See also page 21 पृष्ठ 21 भी देखिए

1 barbed wire कंटीला तार	12 log लकड़ी का कुंदा
2 barn गोदाम	13 manure खाद
3 chicken-run मुर्गी का बाड़ा	14 padlock ताला
4 compost-heap खाद का ढेर	15 pigsty सुअर का बाड़ा
5 cowshed गोशाला	16 plough हल
6 ditch खाई	17 pond तालाब
7 fertilizer उर्वरक, रासायनिक खाद	18 rice-field धान का खेत
8 furrow(s) हल-रेखा	19 scarecrow बिजूखा, डरावा
9 gate-post फाटक का खंभा	20 tractor ट्रैक्टर
10 irrigation canal नहर	21 wedge फन्नी या पच्चड़
11 latch कुंडा	

43 TRAVEL BY ROAD, 1 सड़क से यात्रा, 1

See also pages 6 and 7 पृष्ठ 6 और 7 भी देखिए

A Bicycle (or bike or cycle)
बाइसिकल, बाइक, साइकिल
1 brake ब्रेक
2 crank क्रैंक
3 pedal पैडिल
4 pump पम्प
5 rim रिम
6 spoke स्पोक, तीली
7 toolbag टूलबैग, औज़ारों का थैला
8 valve वाल

B Motor-bike (or scooter)
मोटर बाइक (या स्कूटर)
9 goggles धूप का चश्मा
10 handle-bars हैन्डिलबार
11 mudguard मडगार्ड
12 saddle सीट
13 safety-helmet हैल्मेट
14 tyre टायर

C Cart and waggon
दो और चार पहियों की गाड़ियाँ
15 axle धुरी, धुरा, कीली
16 (bullock-) cart बैलगाड़ी
17 harness लगाम
18 shaft(s) बम
19 waggon चौपहिया गाड़ी
20 wheel पहिया
21 whip चाबुक
22 yoke जुआ, युग

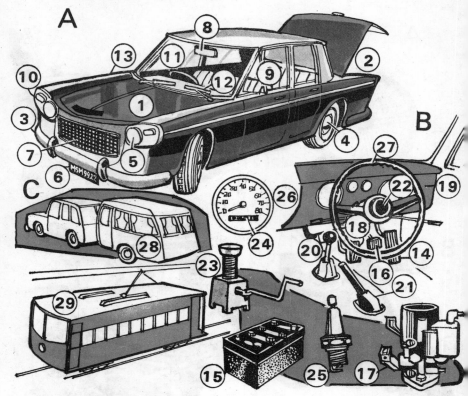

See also pages 6 and 7 पृष्ठ 6 और 7 भी देखिए

A Motor-car मोटरकार
1 bonnet बोनेट
2 boot बूट, सामान-धानी, डिकी
3 bumper बम्पर
4 hubcap हब कैप
5 headlight हेड लाइट
6 number plate नम्बर प्लेट
7 radiator-grill रेडियेटर ग्रिल
8 rear mirror पीछे देखने का शीशा
9 seat सीट
10 traffic-indicator light
दिशा बताने की बत्ती
11 wind-screen विंड-स्क्रीन
12 wind-screen wiper
विंड-स्क्रीन वाइपर
13 wing(s) बाजू

B Motor-car interior and engine
मोटर कार का एंजिन तथा अन्य पुर्जे
14 accelerator (pedal) एक्सिलरेटर
15 battery बैटरी
16 brake (pedal) ब्रेक (पैर का)
17 carburettor कार्बुरेटर
18 clutch (pedal) क्लच पैडल
19 dashboard डैशबोर्ड
20 gear-lever गियर लिवर
21 hand-brake हैंड ब्रेक
22 horn-push हार्न बटन
23 jack जैक
24 milometer माइलोमीटर
25 sparking-plug स्पार्किंग प्लग
26 speedometer स्पीडोमीटर
27 steering wheel स्टियरिंग व्हील

C Other vehicles अन्य गाड़ियाँ
28 caravan (or trailer)
कारवाँ, ट्रेलर, अनुयान
29 tram ट्राम

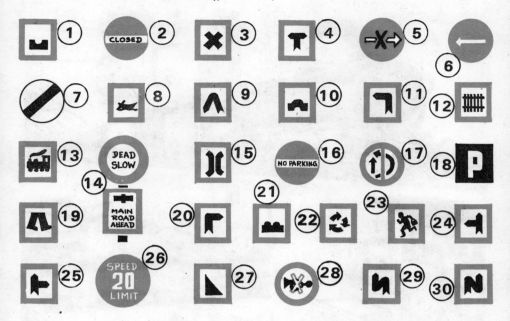

45 TRAVEL BY ROAD, 3 सड़क से यात्रा, 3
TRAFFIC SIGNS ट्रैफिक चिह्न

1 Causeway पुलिया
2 Closed बन्द
3 Cross Roads चौराहा
4 Dead End Cross Road बन्द सड़क का चौराहा
5 Direction Prohibited इस ओर जाना मना
6 Direction Sign दिशा चिह्न
7 End of Speed limit गति सीमा का अंत
8 Ferry नाव द्वारा नदी पार करना
9 Hair Pin Bend कैंची मोड़
10 Hump असम सड़क
11 Left Turn बायीं ओर मोड़
12 Level Crossing (Guarded) लेवल क्रासिंग (चौकीदार)
13 Level Crossing (Unguarded) लेवल क्रासिंग (बिना चौकीदार)
14 Main Road Ahead आगे मुख्य सड़क
15 Narrow Bridge संकरी पुलिया या ब्रिज
16 No Parking पार्किंग मना
17 Overtaking Prohibited आगे निकलना मना
18 Parking Place पार्किंग स्थान
19 Pedestrian Crossing पैदल पारपथ
20 Right Turn दाहिने ओर मोड़
21 Rough Road ऊबड़-खाबड़ सड़क
22 Roundabout गोल चक्कर
23 School Zone स्कूल ज़ोन
24 Side Road (Left) पार्श्व सड़क (बायें)
25 Side Road (Right) पार्श्व सड़क (दाएं)
26 Speed Limit गति सीमा
27 Steep Hill खड़ी चट्टान
28 Sound No Horn हार्न बजाना मना
29 Zigzag (Left) घुमाव (बायीं ओर)
30 Zigzag (Right) घुमाव (दायीं ओर)

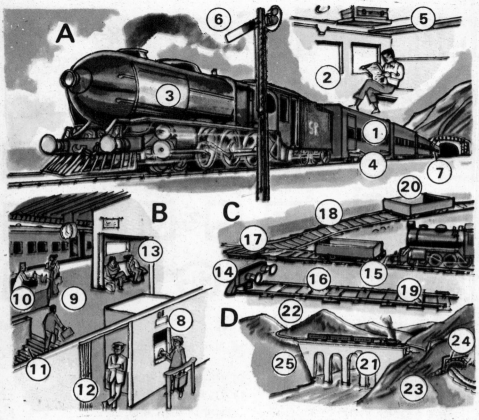

46 TRAVEL BY RAIL रेल यात्रा

A Railway train रेलगाड़ी, ट्रेन
1 coach कोच
2 compartment कम्पार्टमेंट
3 engine (or locomotive) एंजिन, लोकोमोटिव
4 footboard फुट बोर्ड, पायदान
5 (luggage) rack सामान रखने का रैक
6 signal(s) सिग्नल
7 (guard's) van गार्ड का डिब्बा

B Station स्टेशन
8 booking-office टिकट-घर
9 platform प्लैटफ़ार्म
10 refreshment counter (or stall) रिफ्रेशमेंट कक्ष, स्वल्पाहार कक्ष
11 subway सब वे, सुरंगपथ
12 ticket barrier टिकट जमा करने का स्थान
13 waiting-room वेटिंग रूम, प्रतीक्षालय

C Goods-yard गुड्स यार्ड
14 buffer(s) बफ़र
15 coupling कपलिंग
16 line(s) or rail(s) रेल लाइन
17 points प्वाइन्ट्स
18 siding साइडिंग
19 sleeper स्लीपर
20 truck (or goods-waggon) वैगन

D Engineering इंजीनियरिंग
21 arch आर्च, मेहराब
22 cutting कटिंग
23 embankment बाँध, पुश्ता, भराव
24 tunnel गुफा, सुरंग
25 viaduct पुल, सेतु

A Liner (or passenger-ship)
पैसेन्जर पोत

1 anchor लंगर
2 (ship's) bell घंटी
3 bows बो, जहाज़ का अग्रभाग
4 chain चेन
5 deck डेक
6 derrick क्रेन, डेरिक
7 funnel धुधाँरा, चिमनी
8 gangway गैंग्वे, सीढ़ी
9 hatch हैच, फलका, सामान अंदर रखने का मार्ग
10 lantern लालटेन
11 lifebelt लाइफ़बेल्ट, रक्षा-पेटी
12 stern स्टर्न, पिच्छल

B Cabin केबिन, यात्री कमरा

13 bunk (or berth) बर्थ
14 porthole पोर्टहोल, हवादान, मूका

C Lifeboat and safety at sea
रक्षा-नौका और समुद्र पर सुरक्षा

15 davit रक्षा-नौका लटकाने का यंत्र
16 life-jacket लाइफ़ जैकेट
17 megaphone मेंगाफोन
18 rudder रडर, पतवार
19 tiller टिलर

D On the Captain's bridge
कैप्टेन के ब्रिज पर

20 binoculars दूरबीन
21 helm कर्ण, नियंत्रक
22 radar रेडार
23 telegraph टेलिग्राफ़, तार-यंत्र
24 telescope दूरदर्शक

A Harbour बंदरगाह
1 bollard with rope जहाज़ी खूंटा और रस्सा
2 buoy बोया
3 docks गोदी, डॉक
4 hovercraft होवरक्राफ्ट
5 jetty (or pier) जेटी
6 ship जहाज़
7 tug टग, (यंत्र चलित) छोटी नाव
8 wharf (or quay) जहाज़ घाट

B Kinds of boats कई प्रकार की नावें
9 barge बजरा
10 canoe कैनो
11 catamaran कैटामरान, पेड़ के तने को खोखला कर बनाई नाव
12 country boat नौका
13 dhow ढो, डाउ, पाल-जहाज़
14 dinghy डिंगी, डोंगी
15 junk जंक
16 mast मस्तूल
17 motor-boat मोटर बोट
18 oar डाँडा
19 outboard motor बाहर की ओर मोटर
20 paddle पैडल, छोटा चप्पू
21 raft बेड़ा, तरापा
22 sail पाल, बादबान

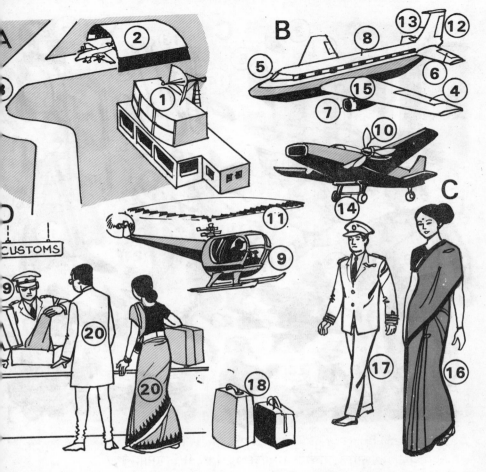

TRAVEL BY AIR हवाई जहाज़ से यात्रा

A Airport विमान पत्तन
1 control tower कंट्रोल टावर
2 hangar हैंगर
3 tarmac (or runway) रनवे

B Parts of a plane विमान के अंग
4 aileron सहपक्ष
5 cockpit चालक का कक्ष
6 elevator (or flap) उत्थापक पल्ला
7 (jet) engine (जेट) एंजिन
8 fuselage फ़्यूज़िलिज, धड़
9 helicopter हेलिकॉप्टर
10 propeller (or airscrew) प्रोपेलर
11 rotor रोटर
12 rudder रडर, पतवार
13 tail (or fin) पूंछ, फिन
14 undercarriage अंडरकैरिज, अवचक्र
15 wing डैने

C Aircrew विमान कर्मीदल
16 air-hostess एयर होस्टेस
17 captain कैप्टेन

D The customs सीमा शुल्क
18 baggage सामान
19 customs officer सीमा शुल्क अधिकारी
20 passengers (or travellers) यात्री

50 MYTHS AND LEGENDS मिथक और दंतकथाएं

A Castle दुर्ग, किला
1 battlements फ़सील, प्राचीर, परकोटा
2 drawbridge उठाने वाला पुल
3 flag ध्वज, पताका
4 moat (or ditch) खाई
5 tower मीनार

B Knight सामंत, योद्धा
6 armour ज़िरहबख्तर, कवच
7 helmet हेलमेट, शिरस्त्राण
8 lance (or spear) भाला
9 shield ढाल
10 spurs एड़
11 sword तलवार

C Archery धनुर्विद्या
12 arrow तीर
13 bow धनुष
14 quiver तूणीर
15 target निशाना, लक्ष्य

D Fairy Tales परी कथाएं
16 dragon ड्रैगन, अज़दहा
17 dwarf बौना
18 fairy परी
19 giant राक्षस
20 goblin (or imp) इम्प, शैतान, भूत
21 mermaid जलसुन्दरी
22 wand (जादू की) छड़ी
23 witch चुड़ैल, डाइन, जादूगरनी

E Horse-drawn vehicles
घोड़ा गाड़ियाँ
24 chariot रथ
25 horn हार्न
26 stage-coach घोड़ा गाड़ी, कोच

51 RECREATIONS, 1 मनोरंजन, 1

A Card games ताश के खेल
1 Ace of Clubs चिड़ी का इक्का
2 Knave (or Jack) of Diamonds ईंट का गुलाम
3 Queen of Hearts पान की बेगम
4 King of Spades हुकुम का बादशाह

B Chess शतरंज
5 bishop ऊंट
6 castle (or rook) रुख, हाथी
7 king शाह, बादशाह
8 knight घोड़ा
9 pawn प्यादा, पैदल
10 queen वज़ीर; बेगम्

C Photography फ़ोटोग्राफ़ी
11 camera कैमरा
12 (roll of) film फ़िल्म
13 flashlight फ्लैश लाइट
14 lens लेन्स
15 negative (or film) नेगेटिव
16 print (or photo) प्रिन्ट, फ़ोटो
17 projector प्रोजेक्टर
18 screen स्क्रीन
19 slide स्लाइड

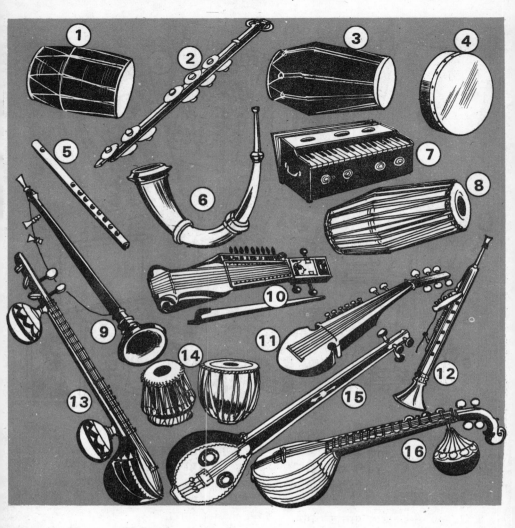

1 dhol ढोल
2 chimta चिमटा
3 dholak ढोलक
4 duff डफ, डफली
5 flute बाँसुरी
6 horn सिंघा, तुरही
7 harmonium हारमोनियम
8 mridangam मृदंग

9 nagaswaram नागस्वरम्
10 sarangi सारंगी
11 sarod सरोद
12 shahnai शहनाई
13 sitar सितार
14 tabla तबला
15 tanpura तानपूरा
16 veena वीणा

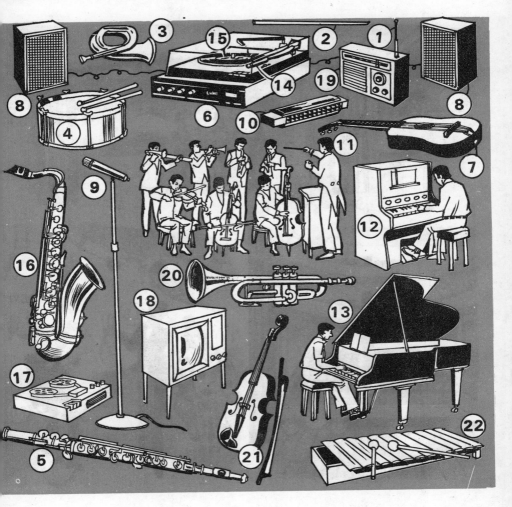

1 antenna (or aerial) एरियेल
2 baton बेटन
3 bugle बिगुल
4 drum ड्रम
5 flute बाँसुरी
6 gramophone (or record player with amplifier) ग्रामोफ़ोन, रिकार्ड प्लेयर
7 guitar गिटार
8 loud speaker लाउड स्पीकर
9 microphone माइक्रोफ़ोन
10 mouth-organ माउथ औरगन
11 orchestra with conductor वाद्यवृन्द व निर्देशक
12 organ and organist ऑर्गन व ऑर्गनिस्ट
13 piano and pianist पियानो व पियेनिस्ट
14 pick-up (or stylus) स्टाइलस
15 record (or disc) रेकार्ड
16 saxophone सैक्सोफ़ोन
17 tape recorder टेप रिकार्डर
18 television set टेलिविज़न सेट
19 (transistor) radio ट्रांज़िस्टर रेडियो
20 trumpet ट्रम्पेट
21 violin वायलिन
22 xylophone काष्ट-तरंग, ज़ाइलोफ़ोन

A The theatre नाट्यशाला
1 actors (or players) पात्र, अभिनेता
2 aisle पथ, रास्ता, गलियारा
3 box बॉक्स
4 circle (or balcony) बालकनी
5 curtain पर्दा
6 footlights फुटलाइट
7 gallery गैलरी
8 pit पिट
9 scenery सीनरी
10 stage स्टेज, मंच
11 stalls स्टॉल्स
12 wings पार्श्वभाग

B The circus सर्कस
13 acrobat नट, कलाबाज
14 clown जोकर, विदूषक
15 conjurer जादूगर
16 juggler बाजीगर

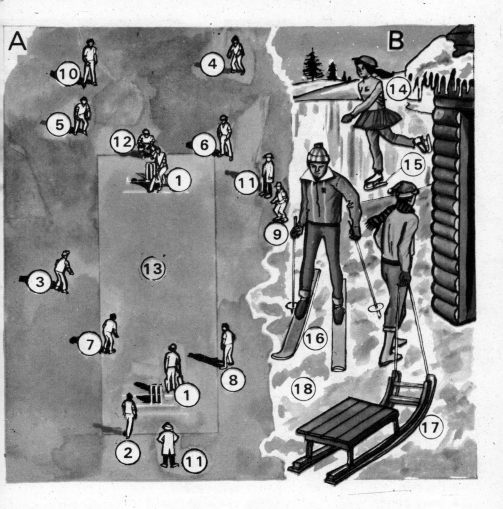

A Cricket क्रिकेट
1 batsman बल्लेबाज़
2 bowler बोलर
3 cover point कवर प्वाइंट
4 deep fine leg डीप फ़ाइन लेग
5 first slip फ़र्स्ट स्लिप
6 leg slip लेग स्लिप
7 mid-off मिड-ऑफ़
8 mid-on मिड-ऑन
9 square leg स्क्वेयर लेग
10 third man थर्ड मैन
11 umpire अम्पायर
12 wicket keeper विकेट कीपर
13 pitch पिच

B Winter sports जाड़ों के स्पोर्ट्स
14 icicle हिमवर्त्तिका
15 skate(s) स्केट
16 ski(s) स्की
17 sledge स्लेज
18 snow बर्फ़

A Badminton बैडमिंटन
1 shuttlecock चिड़िया, शटलकॉक
2 racket रैकेट

B Baseball बेसबॉल
3 bat बल्ला
4 glove दस्ताना

C Fishing मछली पकड़ना
5 bait चारा
6 fishing-line बंसी
7 fishing-rod लग्गी

D Hockey हॉकी
8 centre forward सेन्टर फ़ार्वर्ड
9 goalkeeper in goal गोलकीपर, गोल में
10 half back हॉफ़ बैक
11 inside right (left) इनसाइड राइट (बायें)
12 outside right (left) आउटसाइड राइट (बायें)
13 left back लैफ़्ट बैक
14 right back राइट बैक
15 referee रेफ़री

E Racing घुड़दौड़
16 bit दहाना
17 bridle बाग
18 jockey जौकी
19 reins रास
20 riding-boots घुड़सवारी के बूट
21 riding-breeches बिर्चिस

F Swimming तैराकी
22 diver गोताखोर
23 diving-suit गोताखोर का सूट
24 swimming costume तैरने की पोशाक
25 swimming pool तैरने का तालाब

G Tennis टेनिस
26 court कोर्ट
27 net जाल

H Track events ट्रैक इविन्ट्स, दौड़ना आदि
28 runner दौड़ाक, धावक
29 track suit ट्रैक सूट

A Art कला
1 artist चित्रकार
2 easel ईज़ल, चित्रफलक
3 paintbrush ब्रश
4 painting चित्र
5 palette रंगपट्टिका
6 portrait पोट्रेट, चित्र

B Other sports and pastimes
अन्य खेल
7 basketball बास्केट बॉल
8 billiards बिलियर्ड्स
9 boxing बॉक्सिग, मुक्केबाज़ी
10 football फुटबॉल
11 golf गौल्फ
12 kabaddi कबड्डी, खोखो
13 kite flying पतंग उड़ाना
14 roller skating रोलर स्केटिंग
15 table tennis टेबिल टेनिस
16 tug of war रस्साकशी
17 volleyball वॉली बॉल
18 wrestling कुश्ती

मनोरंजन 8, एक संध्या घर के बाहर

A Hotel होटल
1 hall porter पोर्टर, कुली
2 lift (or elevator) लिफ़्ट
3 lift attendant (or operator) लिफ़्ट चालक
4 lounge लाउंज, बैठक
5 reception desk रिसेप्शन, स्वागतकक्ष

B Restaurant रेस्टोरैंट
6 buffet table बुफे टेबिल
7 cake केक
8 coffee percolator कॉफ़ी पर्कोलेटर
9 menu मेन्यू, व्यंजन सूची
10 plate प्लेट
11 sauce-bottle सॉस
12 serving hatch परोसने की खिड़की
13 sugar चीनी
14 tablecloth मेज़पोश
15 tablemat मेज़ की छोटी मैट (चटाई)

59 THE HUMAN BODY, 1 मानव शरीर, 1

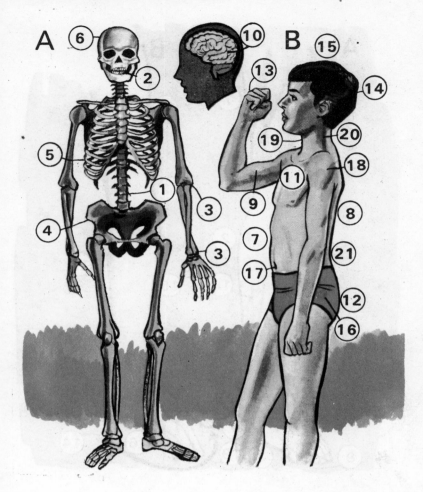

A The skeleton (bones and joints) अस्थिपंजर
1 backbone रीढ़
2 jaw(s) जबड़े
3 joint(s) जोड़
4 pelvis कूल्हे
5 rib(s) पसली
6 skull खोपड़ी

B The body शरीर
7 abdomen (or belly) पेट
8 back पीठ
9 biceps द्विशिरपेशी

10 brain मस्तिष्क
11 chest (or breast) वक्ष
12 buttocks (or bottom) कूल्हा, पुट्ठा
13 fist मुट्ठी
14 hair बाल
15 head सिर
16 hips नितम्ब
17 navel नाभि
18 shoulders कंधा, स्कंध
19 throat गला
20 neck गर्दन
21 waist कमर

O P D HIN 5

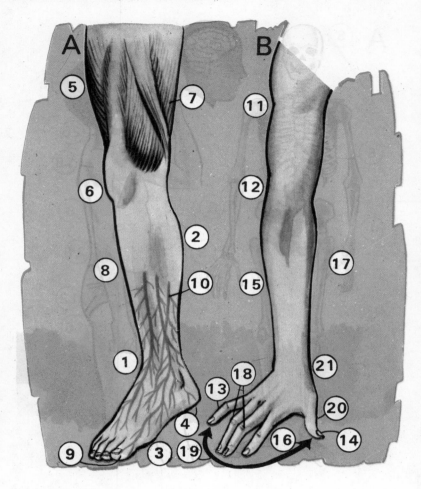

A The limbs (leg and foot)
अंग (पैर और चरण)

1 ankle टखना
2 calf पिंडली
3 (right) foot दाहिना पैर
4 heel एड़ी
5 thigh जाँघ
6 knee घुटना
7 muscles मांसपेशियाँ
8 shin अंतर्जंघिका
9 toe(s) पैर की उंगली, पादांगुलि
10 veins, arteries शिरायें

B The limbs (arm and hand) अंग
(बाँह और हाथ)

11 (upper) arm (ऊपरी) भुजा, बाँह
12 elbow कोहनी
13 finger(s) उंगली
14 finger-nail(s) नाखून
15 forearm प्रबाहु
16 forefinger तर्जनी
17 (right) hand दाहिना हाथ
18 knuckle(s) पोर, उंगली की गाँठ
19 span बालिश्त, बित्ता, वितस्ति
20 thumb अंगूठा
21 wrist कलाई

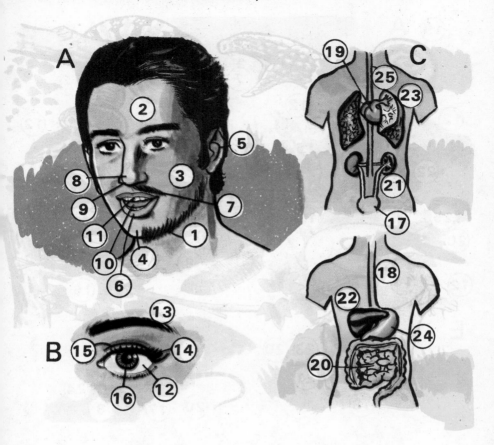

A   Face मुख, चेहरा
1   beard दाढ़ी
2   brow (or forehead) माथा, मस्तक
3   cheek(s) गाल
4   chin ठुड्डी
5   ear(s) कान
6   lip(s) ओंठ
7   moustache मूंछ
8   nose नासिका, नाक
9   nostril(s) नथना, नासारंध्र
10 tongue जिह्वा, जीभ
11 tooth (teeth) दाँत

B   Eye चक्षु, आँख
12 eyeball नेत्रगोलक

13 eyebrow भौं
14 eyelash(es) बरौनी
15 eyelid पलक
16 pupil पुतली

C   The insides आंतरिक भाग
17 bladder मूत्राशय
18 gullet भोजन नलिका, ग्रसिका
19 heart हृदय
20 intestine (or bowel) आँतें
21 kidney(s) गुर्दा
22 liver कलेजा, यकृत
23 lung(s) फेंफड़ा
24 stomach पक्वाशय
25 windpipe श्वास नलिका

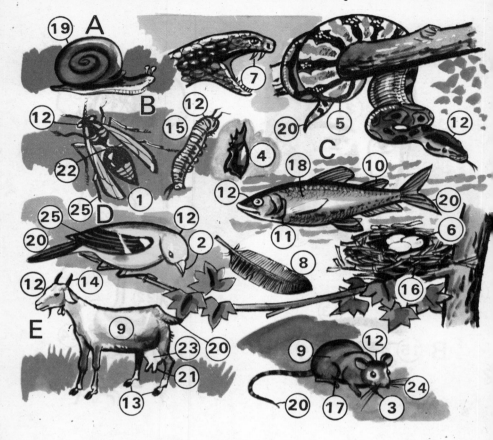

62 THE ANIMAL KINGDOM 1, STRUCTURE जंतु जगत 1, संरचना

A Creeping things रेंगने वाले जीव-जंतु

B Insects कीट

C Fishes मछली

D Birds चिड़ियाँ

E Mammals स्तनपायी

1 abdomen (B) उदर

2 beak (D) चोंच

3 claw(s) (E) नखर

4 cocoon (or chrysalis) (B) कोकून, कृमिकोष

5 coil(s) (A) कुडली

6 egg in eggshell (D) अंडा और अंडखोल

7 fang(s) (A) विषदंत

8 feather(s) (D) पर

9 fur (E) फ़र

10 fin(s) (C) मीन पक्ष, मछली के पंख

11 gill(s) (C) गिल या क्लोम

12 head (A,E) सिर

13 hoof(s) (E) खुर

14 horn(s) (E) सींघ

15 larva (or grub) (B) लारवा, डिम्भ

16 nest (D) घोंसला

17 paw(s) (E) पंजा

18 scale(s) (C) शल्क, सेहरा

19 shell (A) सीपी या कोष

20 tail (C,E) पूँछ

21 teat(s) (E) चूची

22 thorax (B) छाती, सीना

23 udder (E) थन

24 whisker(s) (E) गलमुच्छ

25 wing (B,D) डैना, पंख

63 THE ANIMAL KINGDOM, 2 जंतु जगत, 2

A Creatures with wings (birds, insects)
पंख वाले जीव-जंतु (चिड़ियें, कीट)

1 ant चींटी
2 bat चमगीदड़
3 bee मधुमक्खी
4 beetle गुबरैला, भृंग
5 blackbird कस्तूरा
6 butterfly तितली
7 canary in cage कनारी, पीतचटकी, पिंजरे में
8 cockroach तिलचट्टा
9 crow कौआ, कागा
10 dove फ़ाख़्ता
11 duck बतख़
12 eagle गरुड़, उकाब
13 flamingo हंसावर
14 fly मक्खी
15 fowl मुर्गा
16 goose हंस
17 hawk बाज, श्येन, शिकरा
18 heron बक, बगला
19 kingfisher किलकिल
20 koel कोयल
21 locust टिड्डी
22 mosquito मच्छर
23 moth पतंगा
24 ostrich शुतुरमुर्ग
25 owl उल्लू
26 parrot तोता
27 peacock मोर, मयूर
28 penguin पेंग्विन

A Creatures with wings चिड़ियाँ

29 pigeon कबूतर

30 seagull सामुद्रिक

31 sparrow गौरय्या, गौरा

32 swallow अबाबील

33 swan राजहंस

34 turkey टर्की (पीरू)

35 vulture गिद्ध

36 wasp ततैया, भिड़

B Creatures without wings:
   large land animals पंख रहित
                    जंतु : बड़े थलचर

1 bear भालू

2 buffalo भैंसा

3 camel ऊँट

3a hump (ऊँट का) कूबड़

4 deer हरिण

5 donkey गदहा

6 elephant हाथी

6a trunk (हाथी की) सूंड

6b tusk गजदन्त

7 giraffe जिराफ़

8 gorilla गोरिल्ला

9 horse घोड़ा

10 kangaroo कंगारू

10a pouch (कंगारू की) पाउच (थैली)

11 leopard बघेरा, तेंदुआ

12 lion सिंह

13 mule खच्चर

14 ox (female: cow) सांड (fem: गाय)

15 rhinoceros गेंडा

16 tiger शेर, बाघ

17 zebra ज़ेब्रा

C · Creatures without wings: small land animals (including some insects, etc.)

पंख रहित जंतु : छोटे थलचर
(कुछ कीट भी)

1 cat बिल्ली
2 dog कुत्ता
3 flea पिस्सू
4 fox लोमड़ी
5 goat बकरी
6 grasshopper टिड्डा
7 hyena लकड़बग्घा
8 kitten बिलौटा
9 lizard छिपकली
10 louse जूँ, चीलर
11 monkey बंदर
12 mouse चुहिया
13 mongoose नेवला
14 pig सूअर
15 porcupine साही
16 puppy पिल्ला
17 rabbit खरगोश
18 rat चूहा
19 scorpion बिच्छू
20 sheep भेड़
21 snail घोंघा
22 snake साँप
23 spider in web (or cobweb)
मकड़ी अपने जाले में
24 squirrel गिलहरी
25 wolf भेड़िया
26 (earth)worm केंचुआ

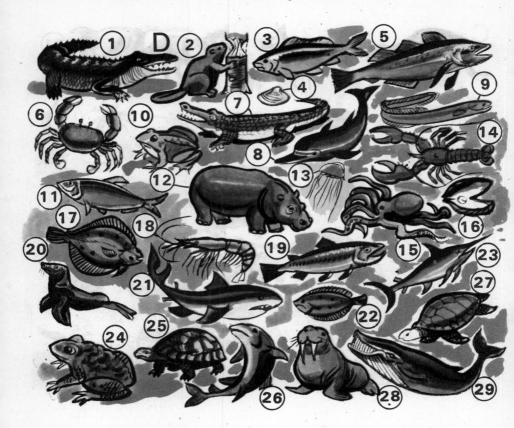

D Creatures without wings that live in or near water
पंखरहित जीव-जंतु, अधिकांश जलचारी

1 alligator घड़ियाल
2 beaver बीवर
3 carp कार्प, शफ़री मछली
4 clam सीपी
5 codfish स्नेहमीन
6 crab केकड़ा
7 crocodile मगर
8 dolphin डॉल्फ़िन, सूंस
9 eel सर्पमीन, ईल
10 frog मेंढक
11 herring हिल्सा
12 hippopotamus दरियाई घोड़ा
13 jelly-fish छत्रिक, जेली फिश
14 lobster समुद्री झींगा
15 octopus अष्टभुज, ऑक्टोपस
16 pearl in oyster मोती, सीप में; मुक्ता शुक्ति
17 plaice प्लेस
18 prawn झींगा
19 salmon सामन
20 seal सील
21 shark शार्क, हांगर-एक बड़ी मछली जिसका तेल शक्तिवर्धक है
22 sole सोल, कुकुरजीभी
23 swordfish असिमीन
24 toad टोड, भेक
25 tortoise कछुआ (थलचारी)
26 trout ट्राउट
27 turtle कूर्म, कछुआ (जलचारी)
28 walrus वालरस
29 whale ह्वेल

67 THE VEGETABLE KINGDOM 1, STRUCTURE
वनस्पति जगत 1, संरचना

A Bulb कंद
B Bush झाड़ी
C Flower फूल (पुष्प)
D Fruit फल
E Grain दाना, कण, अनाज
F Nut गिरी, गरी
G Pod फली
H Tree पेड़
I Cactus नागफनी
1 berry (B) सरस फल
2 branch (or bough) (H) डाल, शाखा
3 bud (C) कली
4 (maize) cob (E) भुट्टा
5 ear (of wheat) (E) बाल, बाली
6 husk (F) भूसी, तुष
7 kernel (F) अष्टि
8 leaf (B) पत्ती
9 petal (C) पंखुड़ी
10 peel (D) छिलका
11 pulp (D) गूदा
12 root (A) जड़
13 seed (E,G) बीज
14 shell (F) खोल, कवच
15 shoot (A) प्ररोह, टहनी
16 skin (D) छिलका, त्वचा
17 stalk (or stem) (A) तना, डठल
18 stamen (C) पुंकेसर
19 stone (or pip) (D) गुठली
20 thorn (I) कांटा, क्षुप
21 trunk (H) तना
22 twig (B) टहनी, शाखा

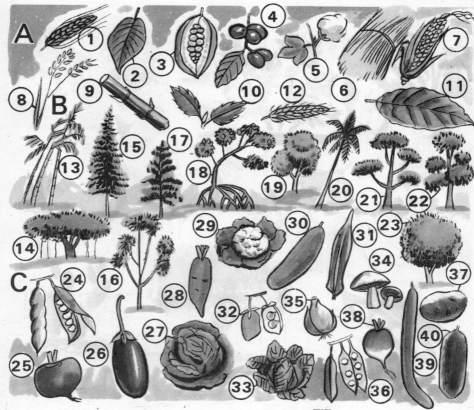

A Crop plants फसल के पौधे
1 barley जौ
2 betel-leaf पान
3 cocoa कोको
4 coffee कॉफ़ी (कहवा)
5 cotton कपास
6 hay सूखी घास
7 maize मक्का
8 rice धान
9 sugar-cane गन्ना
10 tea चाय की पत्तियां
11 tobacco तम्बाकू
12 wheat गेंहू

B Trees पेड़
13 bamboo बांस
14 banyan बरगद
15 deodar देवदार
16 eucalyptus यूकेलिप्टस
17 fir with fir-cone देवदार (फर), शंकु के साथ
18 mangrove मैंग्रोव
19 neem नीम
20 palm ताड़
21 pine चीड़
22 pipal पीपल
23 tamarind इमली

C Vegetables शाक भाजी
24 beans बींस, छीमी
25 beetroot चुकंदर
26 brinjal बैंगन
27 cabbage करमकल्ला, पातगोभी
28 carrot गाजर
29 cauliflower गोभी
30 cucumber खीरा
31 ladies finger भिंडी
32 lentil मसूर
33 lettuce सलाद
34 mushroom छत्रक, खुमी
35 onion प्याज
36 peas मटर
37 potato आलू
38 radish शलगम
39 snake gourd चिचिंडा
40 yam जिमीकंद

D
E

D Flowers फूल, पुष्प
1 canna कैना, सर्वजया, देवकली
2 chrysanthemum गुलदाउदी
3 daffodil डैफोडिल
4 daisy डेज़ी
5 hibiscus अंबाडी
6 jasmine चमेली
7 lily कुमुदनी
8 lotus कमल
9 marigold गेंदा
10 rose गुलाब
11 tulip ट्यूलिप

E Fruits फल
12 apple सेब
13 arecanut सुपाड़ी
14 banana केला
15 cashewnut काजू
16 cherry चेरी
17 coconut नारियल
18 date खजूर
19 grape अंगूर
20 groundnut (or peanut) मूंगफली
21 guava अमरूद
22 jackfruit कटहल
23 lemon निम्बू
24 mango आम
25 water-melon तरबूज़
26 orange सन्तरा
27 peach आड़ू
28 pear नाशपाती, नाका
29 pineapple अनन्नास
30 plum आलूचा
31 sapotah चीकू
32 strawberry स्ट्राबेरी, स्ट्राबरी
33 sweet lime मीठा निम्बू
34 tomato टमाटर

1 ball (of string)
(सुतली का) गोला या गेंद

2 bar (of chocolate)
(चॉकलेट की) पट्टी

3 bunch (of flowers)
(फूलों का) गुच्छा

4 bundle (of sticks)
(लकड़ी/ईंधन का) बंडल, गट्ठा

5 cake (of soap)
(साबुन की) टिकिया या बट्टी

6 collection (of stamps)
(टिकटों का) संग्रह

7 company (of soldiers)
(सिपाहियों की) टुकड़ी

8 crowd (of people) भीड़

9 fleet (of fishing boats)
(मछलीमार नावों का) बेड़ा

10 flight (of stairs)
(सीढ़ियों की) सोपान, पंक्ति

11 flock (of sheep, birds)
(भेड़ों का) रेवड़, (चिड़ियों का) झुंड

12 gang (of workmen)
(मज़दूरों, कामगारों) की टोली, गैंगमेन

13 group (of trees)
(पेड़ों का) समूह/बाग

14 heap (of stones)
(पत्थरों का) ढेर/अंबार

15 herd (of cows) (गायों का) झुंड

16 joint (of meat) (गोश्त का) पारचा

17 line (of washing)
(धुले कपड़ों की) अलगनी

18 loaf (of bread) पाव रोटी
19 lot (of rubbish) (कूड़े-करकट का) ढेर
20 lump (of sugar) (शक्कर का) डला
21 number (of coins) कुछ (सिक्के)
22 pack (of cards) (ताश के पत्तों की) गड्डी
23 packet (of needles) (सुइयों का) पैकेट
24 party (of tourists) (पर्यटकों का) दल
25 piece, slice (of cake) (केक की) कतली, (का कतला)
26 pile (of blankets) (कंबलों का) ढेर
27 plate (of sandwiches) (सैंडविचिज़ की) प्लेट
28 reel (of thread) (तागा, धागा, डोरी की) रील
29 roll (of wall-paper) (वालपेपर की) गोलगडडी
30 row (of houses) (मकानों की) पंक्ति
31 set (of chessmen) (शतरंज के मोहरों का) सेट
32 skein (of silk) (रेशम की) लच्छी
33 slab (of stone) (पत्थर की) सिल्ली, शिला
34 (aspirin) tablets (एस्पिरिन की) टिकियाँ
35 (football) team (फ़ुटबॉल की) टीम

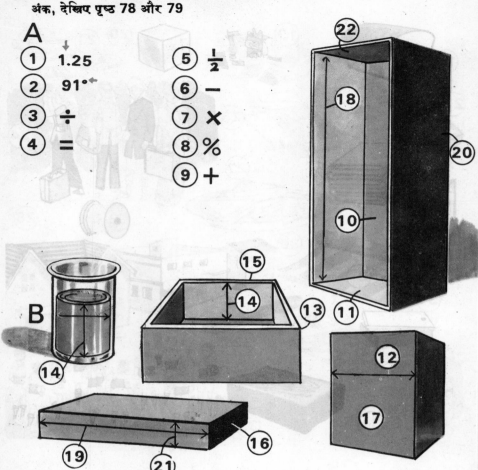

See also pages 78 and 79

अंक, देखिए पृष्ठ 78 और 79

A Symbols चिह्न
1 decimal point दशमलव बिंदु
2 degree अंश
3 divided by से विभाजित/विभक्त
4 equals के समान, बराबर है
5 fraction भिन्न
6 minus, subtract ऋणचिह्न, घटाओ
7 multiplied by से गुणा करो
8 per cent प्रति शतक
9 plus, add धन चिह्न, जोड़ो

B Measurements माप
10 back पृष्ठ भाग (पिछला भाग)
11 bottom अधोभाग, (निचला भाग)
12 breadth चौड़ाई
13 corner कोना
14 depth गहराई
15 edge कोर, किनारा
16 end सिरा, छोर
17 front सामना
18 height ऊँचाई
19 length लंबाई
20 side बगल (दूसरी ओर)
21 thickness मोटाई
22 top ऊपर

73 LINES AND SHAPES रेखाएं और आकार (आकृतियां)

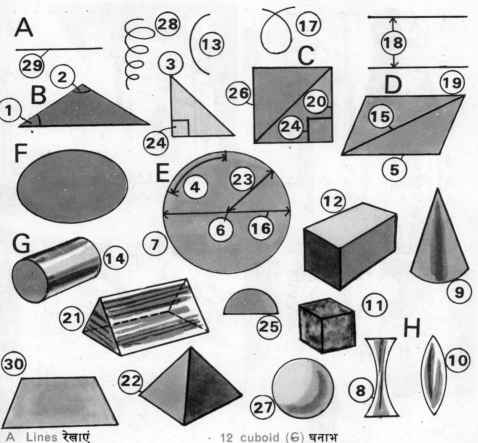

A Lines रेखाएं
B Triangles त्रिभुज
C Square वर्ग
D Rectangle or oblong आयत
E Circle वृत्त
F Oval अंडाकार
G Solid figures ठोस आकार
H Lens लेन्स, ताल
1 acute angle (B) न्यूनकोण
2 obtuse angle (B) अधिककोण
3 apex (B) शीर्ष, शिखर
4 arc (E) वृत्तांश
5 base (D) आधार
6 centre (E) केंद्र, मध्यबिंदु
7 circumference (E) परिधि, घेरा
8 concave (H) नतोदर, अवतल
9 cone (G) शंकु
10 convex (H) उन्नतोदर, उत्तल
11 cube (G) घन
12 cuboid (G) घनाभ
13 curve (A) वक्र, वक्ररेखा
14 cylinder (G) बेलनाकार
15 diagonal (D) विकर्ण
16 diameter (E) व्यास
17 loop (A) पाश कुंडली, लूप
18 parallel lines (A) समांतर रेखायें
19 parallelogram (D) समांतर चतुर्भुज
20 perpendicular (C) लम्ब
21 prism (G) प्रिज़्म, समपार्श्व
22 pyramid (G) पिरामिड, सूचीस्तंभ
23 radius (E) त्रिज्या, व्यासार्ध
24 right-angle (B,C) समकोण, लंबकोण
25 semi-circle (E) अर्धवृत्त
26 side (C) भुजा
27 sphere (G) गोला
28 spiral (A) सर्पिल, पेंचदार, कुंडलित
29 straight line (A) सीधी या सरल रेखा
30 trapezium (D) समलंब, ट्रपिज़ियम

74 PLACES OF WORSHIP आराधनालय, मंदिर आदि

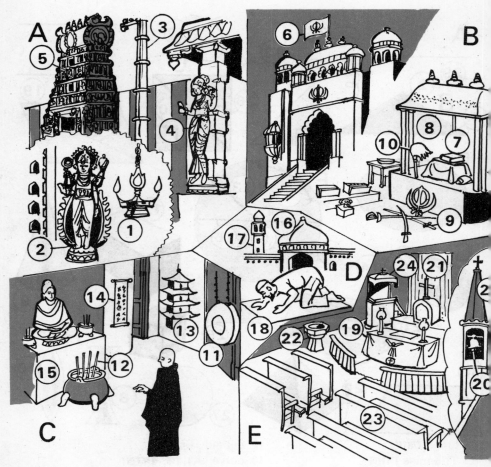

A Temple (Hindu) मंदिर
1 brass lamp दीप
2 idol (or image) देव प्रतिमा
3 pillar (or flag-staff) ध्वज दंड
4 sculpture मूर्ति
5 tower गोपुरम्

B Temple (Sikh) गुरुद्वारा
6 flag निशान साहब
7 Guru Granth Sahib गुरु ग्रंथ साहब
8 litter (or palki) पाल्की साहब
9 sword(s) कृपाण और खंडा
10 whisk चौर साहब

C Temple (Buddhist) बौद्ध मंदिर
11 gong घड़ियाल
12 joss-stick धूपबत्ती
13 pagoda पैगोडा
14 scroll चीरक
15 shrine वेदिका

D Mosque मस्जिद
16 dome गुम्बद
17 minaret मीनार
18 prayer mat नमाज़ की चटाई

E Church चर्च
19 altar वेदी
20 bell घंटा
21 cross क्रॉस
22 font जलकुंड
23 pew आसन
24 pulpit प्रवचन-मंच
25 spire मीनार

75 VILLAGE INDUSTRIES ग्रामोद्योग

1 beekeeping मधुमक्खी पालन
2 brick-making ईंटें बनाना
3 cane and bamboo बेंत और बाँस
4 coir नारियल जटा
5 jaggery गुड़
6 joss-sticks धूपबत्ती
7 leather चमड़ा
8 lime चूना
9 match दियासलाई
10 oil तेल (घानी से)
11 paper कागज़
12 pottery मिट्टी के बर्तन
13 soap साबुन
14 spinning and weaving कातना और कपड़ा बुनना
15 toy-making खिलौने बनाना

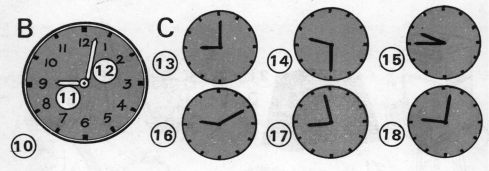

B

C

10

13   14   15

16   17   18

A	Months of the year	A	वर्ष में महीनें (मास)
1	The (calendar) month of February (Feb.) has 28 days and 29 days every fourth year (leap-year).		फरवरी महीने में 28 दिन होते हैं और प्रत्येक चौथे वर्ष (लीप इयर) में 29 दिन ।
2	The months of April (Apr.), June (Jun.), September (Sept.) and November (Nov.) each have 30 days.		एप्रिल, जून, सितम्बर और नवम्बर प्रत्येक में 30 दिन होते हैं ।
3	The months of January (Jan.), March (Mar.), May, July (Jul.), August (Aug.), October (Oct.) and December (Dec.) each have 31 days.		जनवरी, मार्च, मई, जुलाई, अगस्त, अक्टूबर और दिसम्बर प्रत्येक में 31 दिन होते हैं ।
4	There are three (calendar) months in each quarter.		वर्ष के प्रत्येक चतुर्थांश में तीन मास होते हैं ।
5	There are twelve (calendar) months in a year.		एक (पंचांग) वर्ष में बारह महीने होते हैं ।
6	There are one hundred years in a century.		शताब्दी में एक सौ वर्ष होते हैं ।
B	Hours, minutes and seconds	B	घंटे, मिनट और सैकिंड्स
7	There are 60 seconds (sec.) in a minute (min.).		एक मिनट में 60 सैकिंड्स होते हैं ।
8	There are 60 mins. in an hour (hr.).		एक घंटे में 60 मिनट (min.) होते हैं ।
9	There are 24 hrs. in a day.		एक दिन में 24 घंटे होते हैं ।
10	clock face		घड़ी का मुख
11	hour hand		घंटे की सुई
12	minute hand		मिनट की सुई
C	Prepositions (time)	C	पूर्वसर्ग (समय)
13	(At) nine o'clock (9.00)		नौ बजे (9.00)
14	Half-past nine (9.30)		साढ़े नौ बजे (9.30)
15	A quarter to ten (9.45)		पौने दस बजे (9.45)
16	Ten minutes past nine (9.10)		नौ बज कर दस मिनट (9.10)
17	A few minutes before nine (o'clock).		नौ बजने से कुछ मिनट पहले
18	A few minutes after nine (o'clock).		नौ बज कर कुछ मिनट बाद
19	Noon (mid-day) is (at) 12 o'clock		दोपहर (मध्याह्न) 12 बजे होती है ।
20	Midnight is 12 o'clock at night.		मध्यरात्रि 12 बजे रात में होती है ।
21	9 o'clock before noon in 9 a.m. (in the morning).		नौ बजे प्रातःकाल - 9 a.m.
22	2 o'clock after noon is 2 p.m. (in the evening).		दो बजे दोपहर बाद - 2 p.m.
23	9 o'clock before midnight is 9 p.m. (in the evening).		रात्रि में नौ बजे - 9 p.m.
24	On Monday mornings (Every Monday morning) a new week begins at work.		सोमवार प्रातः (प्रत्येक सोमवार सबेरे) से एक नया सप्ताह काम करने के लिए प्रारम्भ होता है ।

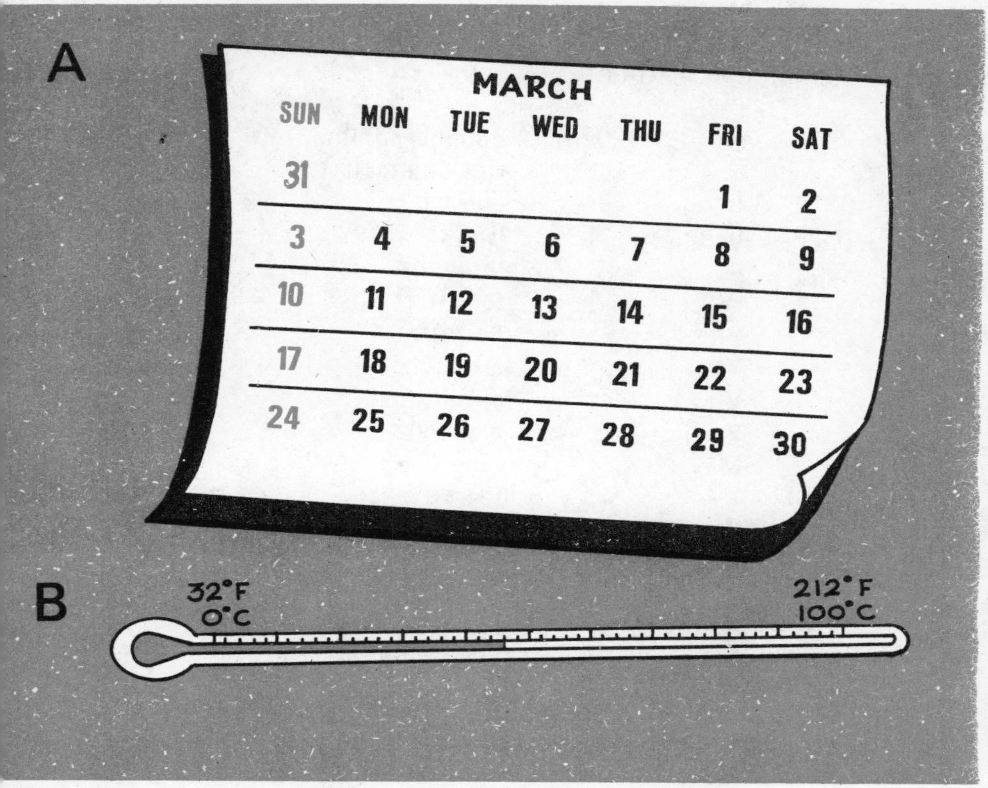

A

MARCH						
SUN	MON	TUE	WED	THU	FRI	SAT
31					1	2
3	4	5	6	7	8	9
10	11	12	13	14	15	16
17	18	19	20	21	22	23
24	25	26	27	28	29	30

B

32°F 0°C   212°F 100°C

A The calendar	A कॅलेंडर
1 There are 7 days in a week (Sunday, Monday, Tuesday, Wednesday, Thursday, Friday, Saturday).	सप्ताह में 7 दिन होते है (रविवार, सोमवार, मंगलवार, बुधवार, बृहस्पतिवार, शुक्रवार, शनिवार) ।
2 There are 14 days In a fortnight.	एक पखवारे (पक्ष) में 14 दिन होते हैं ।
3 There are 28 days (4 weeks) in a lunar month (by the moon)	चांद्रमास में 28 दिन (4 सप्ताह) होते हैं ।
B Temperature	B तापमान
4 Water boils at 100° Centigrade (or Celsius) or 212° Fahrenheit.	पानी 100° सेंटिग्रेड या 212° फ़ैरन-हाइट पर उबलता है ।
5 Water freezes at 0° Centigrade (or Celsius) or 32° Fahrenheit.	पानी 0° सेंटिग्रेड या 32° फ़ैरनहाइट पर जमकर बर्फ़ बन जाता है ।

A Numerals संख्या सूचक अंक

Arabic हिंदसा	Roman रोमन	
0	nil	nought, nothing, zero शून्य, सिफ़र, ज़ीरो
1	I	one एक
2	II	two दो
3	III	three तीन
4	IV	four चार
5	V	five पाँच
6	VI	six छः
7	VII	seven सात
8	VIII	eight आठ
9	IX	nine नौ
10	X	ten दस
11	XI	eleven ग्यारह
12	XII	twelve (a dozen) बारह (एक दर्जन)
13	XIII	thirteen तेरह
14	XIV	fourteen चौदह
15	XV	fifteen पन्द्रह
16	XVI	sixteen सोलह
17	XVII	seventeen सत्रह
18	XVIII	eighteen अठारह
19	XIX	nineteen उन्नीस
20	XX	twenty (a score) बीस (एक कोड़ी)
21	XXI	twenty-one इक्कीस
30	XXX	thirty तीस
40	XL	forty चालीस
50	L	fifty पचास
60	LX	sixty साठ
70	LXX	seventy सत्तर
80	LXXX	eighty अस्सी
90	XC	ninety नब्बे
100	C	one hundred एक सौ
101	CI	one hundred and one एक सौ एक
144	CXLIV	one gross एक ग्रोस (बारह दर्जन)
288	CCLXXXVIII	two gross दो ग्रोस (चौबीस दर्जन)
1000	M	one thousand एक हज़ार
10000		ten thousand दस हज़ार
100000		one lakh एक लाख
1000000		one million दस लाख
10000000		one crore एक करोड़

79 NUMERALS, 2 संख्यांक, 2

B Order क्रम

first पहला
second दूसरा
third तीसरा
fourth चौथा
fifth पाँचवाँ
sixth छठा
seventh सातवाँ
eighth आठवाँ
ninth नवाँ
tenth दसवाँ
eleventh ग्यारहवाँ
twelfth बारहवाँ
thirteenth तेरहवाँ
fourteenth चौदहवाँ
fifteenth पन्द्रहवाँ
sixteenth सोलहवाँ
seventeeth सत्रहवाँ
eighteenth अठारहवाँ
nineteenth उन्नीसवाँ
twentieth बीसवाँ
twenty-first इक्कीसवाँ
thirtieth तीसवाँ
fortieth चालीसवाँ
fiftieth पचासवाँ
sixtieth साठवाँ
seventieth सत्तरवाँ
eightieth अस्सीवाँ
ninetieth नब्बेवाँ
one hundredth सौवाँ
one hundred and first एक सौ एकवाँ
one thousandth एक हज़ारवाँ
ten thousandth दस हज़ारवाँ
one millionth दस लाखवाँ

C Fractions भिन्न

1	whole number पूर्णांक; एक
1/2	(one) half आधा
1/3	(one) third एक तिहाई
1/4	(one) quarter एक चौथाई
1/5	(one) fifth (एक का) पाँचवाँ भाग
1/6	(one) sixth (एक का) छठा भाग
1/7	(one) seventh (एक का) सातवाँ भाग
1/8	(one) eighth (एक का) आठवाँ भाग
2/9	two ninths नौ भागों में से दो भाग
1/10	(one) tenth (एक का) दसवाँ भाग
4/11	four elevenths ग्यारह भागों में से चार भाग
5/12	five twelfths बारह भागों में से पाँच भाग
1/13	(one) thirteenth तेरहवाँ भाग
1/14	(one) fourteenth चौदहवाँ भाग
1/15	(one) fifteenth पन्द्रहवाँ भाग
1/16	(one) sixteenth सोलहवाँ भाग
1/17	(one) seventeenth सत्रहवाँ भाग
1/18	(one) eighteenth अठारहवाँ भाग
1/19	(one) nineteenth उन्नीसवाँ भाग
7/20	seven twentieths बीस भागों में से सात भाग
1/21	(one) twenty-first इक्कीसवाँ भाग
19/30	nineteen thirtieths तीस भागों के उन्नीस भाग
1/40	(one) fortieth चालीसवाँ भाग
1/50	(one) fiftieth पचासवाँ भाग
1/60	(one) sixtieth साठवाँ भाग
1/70	(one) seventieth (एक का) सत्तरवाँ भाग
1/80	(one) eightieth (एक का) अस्सीवाँ भाग
1/90	(one) ninetieth (एक का) नब्बेवाँ भाग
1/100	(one) hundredth (एक का) सौवाँ भाग
1/101	one-over-one-nought-one एक सौ एकवाँ भाग
1/1,000	(one) thousandth हज़ारवाँ भाग
1/10,000	(one) ten thousandth (एक का) दस हज़ारवाँ भाग
1/1,000,000	(one) millionth दस लाखवाँ भाग

1 big (large) बड़ा — little (small) छोटा
2 black काला — white सफ़ेद
3 blunt कुंद — sharp तेज़
4 calm शांत — rough क्षुब्ध, अशांत, तूफ़ानी
5 clean स्वच्छ, साफ — dirty गंदा
6 closed बन्द — open खुला
7 crooked वक्र, टेढ़ा — straight सीधा, सरल
8 dark अंधेरा — light रोशनी, प्रकाश
9 deep गहरा — shallow छिछला
10 dry सूखा — wet गीला, भीगा
11 empty खाली — full पूरा भरा
12 fast तेज़ — slow धीमा
13 fat मोटा — thin दुबला

15
$\frac{7y}{x^5}\left(\frac{5(x^4-7y)(xy^2z+\frac{1}{x})}{\sqrt{x^7-15x^2y+y^3}}\right)$
4+1=5

14	happy प्रसन्न	sad दुःखी
15	hard (difficult) कठिन	easy (simple) सरल, आसान
16	hard कठोर	soft मुलायम
17	high ऊंचा	low नीचा
18	hot गरम, गर्म	cold ठंडा
19	long लम्बा	short छोटा
20	loose ढीला	tight कसा
21	narrow संकीर्ण, संकरा	wide चौड़ा
22	nasty अप्रिय	nice अच्छा
23	old बूढ़ा, वृद्ध	young नवयुवक
24	new नया	old पुराना, प्राचीन
25	rough खुरदुरा	smooth चिकना
26	steep खड़ी	gradual क्रमिक, धीमी
27	strong बलवान	weak कमज़ोर

82 PREPOSITIONS (POSITION AND DIRECTION), 1

पूर्वसर्ग (स्थिति और दिशा), 1

For time see page 76 समय के लिए पृष्ठ 76 देखिए

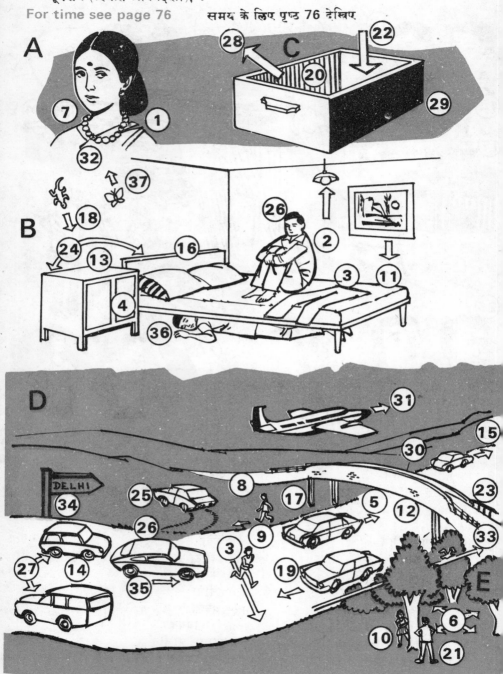

83 PREPOSITIONS (POSITION AND DIRECTION), 2

पूर्वसर्ग (स्थिति और दिशा), 2

For time see page 76 समय के लिए पृष्ठ 76 देखिए

Picture चित्र		
A	1 be, go, put sth.,	*about* or *around* the neck. गर्दन के चारों ओर
B	2 be, go, put sth.,	*above* the bed. पलंग पर, पलंग के ऊपर
B, D	3 go, put sth., send sb.,	*across* the bed, *across* the road. सड़क के पार
B	4 be, go, put sth.,	*against* the bed. पलंग से लग कर
D	5 be, go, send sb.,	*along* the road. सड़क के किनारे
E	6 be, go, send sb.,	*among* (or *amongst*) the trees. पेड़ों के बीच
A	7 be, go, put sth.,	*around* the neck. गर्दन के चारों ओर
D	8 be, put sth.,	*at* (the foot of) the bridge. पुल की कुर्सी या आधार पर
D	9 be, go, send sb.,	*away from* the bridge. पुल से दूर, कुछ दूर
E	10 be, go, put sth., send sb.,	*behind* the tree. पेड़ के पीछे
B	11 be, go, put sth., send sb.,	*below* the picture. चित्र के नीचे
D	12 be, go, put sth., send sb.,	*beneath* *the bridge. पुल के नीचे
B	13 be, go, put sth.,	*beside* the bed. पलंग के पास, पलंग से लग कर
D	14 be, go, but sth.,	*between* the cars. कारों के बीच
D	15 be, go, send sb.,	*beyond* the bridge. पुल से ज़रा दूर (परे)
B	16 be, put sth.,	*by* (the head of) the bed. पलंग के सिरहाने
D	17 be, go, put sth., send sb.,	*close to* the bridge. पुल के समीप
B	18 go	*down* the wall. दीवार से उतर कर
D	19 come, go, send sb.,	*from* Delhi. दिल्ली से
C	20 be, go, put sth.,	*in* (or *inside*) the box. बक्स के अंदर
E	21 be, go, put sth., send sb.,	*in front of* the trees. पेड़ों के सामने
C	22 go, put sth.,	*into* the box. बक्स के अंदर
D	23 be, go, put sth.,	*near* the bridge. पुल के समीप
B	24 be, go, put sth.,	*next to* the bed. पलंग से लग कर (सट कर)
D	25 be, go, send sb.,	*off* the road. सड़क से कुछ हट कर
B, D	26 be, go, put sth.,	*on* the bed, *on* the road. पलंग पर, सड़क पर
D	27 be, go, put sth.,	*opposite* sth., or sb. आमने-सामने
C	28 be, go, take sth.,	*out of* the box. बक्स से निकलकर
C	29 be, go, put sth.,	*outside* the box. बक्स के बाहर
D	30 be, go, send sb..	*over* the road. सड़क के ऊपर
D	31 go, send sb.,	*past* the bridge. पुल के आगे बाद
A	32 be, go, put sth.,	*round* the neck. गर्दन के चारों ओर
E	33 go, send sb.,	*through* the trees. पेड़ों के बीच से
D	34 go, send sb.,	*to* Delhi. दिल्ली को
D	35 go, send sb.,	*towards* the bridge. पुल की ओर
B	36 be, go, put sth.,	*under* or *underneath* the bed. पलंग के नीचे
B	37 go	*up* the wall. दीवार पर (ऊपर जाना)

*Prefer *under* or *underneath*

1 adding जोड़ना
2 bleeding खून बहना, या निकलना
3 blowing (मोमबत्ती) फूंक कर गुल करना
4 breaking तोड़ना
5 bursting फोड़ना; फूटना
6 carrying ले जाना; ढोना
7 catching (गिरने के पहले) पकड़ना, लोकना
8 chasing (पकड़ने के लिए) पीछा करना; खदेड़ना
9 climbing चढ़ना; आरोहण करना
10 cooking (भोजन) पकाना
11 covering ढकना; आच्छादित करना
12 crawling रेंगना
13 crying रोना
14 cutting काटना; कतरना
15 dancing नृत्य करना
16 digging (ज़मीन) खोदंना
17 diving गोता लगाना

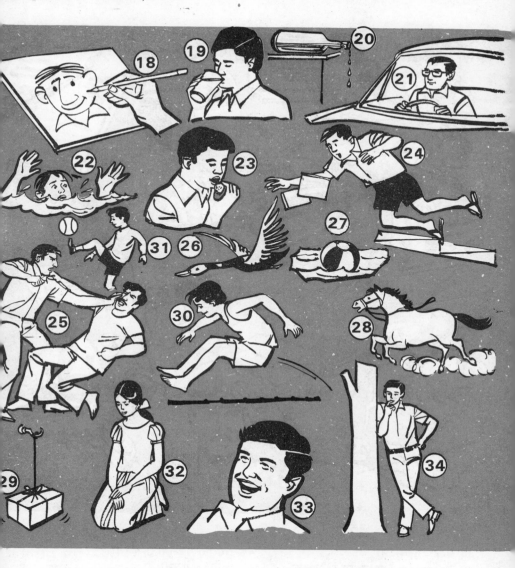

18 drawing चित्र बनाना
19 drinking पीना
20 dripping टपकना; चूना (या चुआना)
21 driving चलाना
22 drowning डूबना
23 eating खाना
24 falling गिरना
25 fighting झगड़ना
26 flying उड़ना
27 floating उतराना; तैरना
28 galloping सरपट दौड़ना या दौड़ाना
29 hanging लटकाना; टाँगना
30 jumping कूदना
31 kicking ठोकर मारना
32 kneeling घुटने टेकना, घुटनों के बल बैठना
33 laughing हँसना
34 leaning टेक लगाना, — का सहारा लेना; आश्रित होना

35 licking चाटना
36 listening (ध्यान देकर) सुनना
37 lying लेटना, लेट जाना
38 opening खोलना
39 painting चित्र बनाना
40 printing छापना; छपाई करना
41 pulling खींचना; उखाड़ना
42 pushing ढकेलना; ठेलना
43 reading पढ़ना
44 riding घुड़सवारी करना
45 rolling बेलना
46 running दौड़ना
47 sailing (नाव) चलाना
48 saluting सलाम करना; अभिवादन करना
49 sewing सीना; सिलाई करना
50 shooting गोली चलाना

87 VERBS, 4 क्रियाएं, 4

51 shutting बंद करना
52 singing गीत गाना
53 sitting बैठना
54 smiling मुस्कराना
55 standing खड़े होना
56 stirring चलाना (जिससे चीनी व दूध मिल जायें)
57 sweeping बुहारना
58 swimming तैरना
59 tearing फाड़ना
60 touching छूना; स्पर्श करना
61 tying बाँधना
62 walking टहलना
63 washing धोना; पखारना
64 waving हाथ हिलाना
65 winding चाबी देना; कूकना
66 writing लिखना

88 PRONOUNS AND POSSESSIVE ADJECTIVES, 1
सर्वनाम और संबंधवाचक विशेषण, 1

he 3 वह
* her 5, 10 उसकी
hers 5 उसकी
him 3, 7, 10 उसको
his 11 उसका
it 2, 8 वह यह
me 4, 6 मुझे
mine 4, 6 मेरा
* my 4, 6 मेरा
* our 9 हमारा
ours 9 हमारा
she 5 वह (स्त्री०)

that 8 वह
* their 8 उनका
theirs 8 उनका, उनकी
them 8, 11 उनको
they 7 वे
this 1 यह
us 9 हम; हमारा
we 9 हम
you 1 तुम; आप
* your 2 तुम्हारा, आपका
yours 2 तुम्हारा, आपका

* These words are possessive adjectives.
ये शब्द संबंधवाचक विशेषण हैं।

\- This word is a possessive adjective as well as pronoun.
यह शब्द संबंधवाचक विशेषण तथा सर्वनाम है।